“10年後の日本と世界”を知る

# 最新版 東大のクールな地理

伊藤彰芳

# はじめに

「新型コロナ」の影響がここまで深刻になると考えていた人は、当初ほとんどいなかったのではないでしょうか。

5年前、10年前と比べても、世界ははるかにつながりを深めている――日々のニュースは、私たちにそのことを痛感させました。「遠く離れたどこか」で起こったことが、すぐさま「人類全体の問題」になる時代に入ったのです。

わずか数年前まで手放しでもてはやされていた「グローバル化」の負の側面が、世界規模で露呈するようになる。そういう時代を、私たちは生きているのです。

「地理」というと、山脈や河の名前を暗記する科目というイメージがあるかもしれません。そういう単元もありますが、この本では扱いません。

地理は、**「日本と世界のダイナミックな変化」**、**「経済の動き」**を扱う科目でもあります。これが、大人の方々からも「面白い！」、「高校時代に選択すればよかった」と大評判なのです。

なかでも日本で最も難関とされる東京大学の入試「地理」は、良問の宝庫です。

ニュースや新聞とは一味違う、見たこともない角度から光を当てて、変わり続ける世界を見せてくれる。「時代のとらえ方」へと案内してくれる。そんな知的な魅力にあふれています。

たとえば、急成長する**東アジア**については、「パナマ運河」にライトを当てます（2018年）。

パナマ運河の拡張は、アメリカ合衆国と中国の間での貿易を拡大させた一因でもあり、**「米中貿易摩擦」**を当てはめることが、解答へのカギになります。

その一方の主役であり、「世界の警察」から**「自国第一主義」**へとシフトするアメリカ合衆国の変化について、「ボストン、ニューヨークなどのメガロポリスの変化」にスポットを当てます（2016年）。

もう一方の主役・**中国**については、「香港とシンガポール」に光を当てます。

「新型コロナ」で大変な事態になった**EU**について、理念や成立過程などを踏まえたうえで、それぞれの構成国が抱えている事情を問いかけます。「スペインの自動車輸出」という角度で光を当てました（2014年）。

出題者の、今この世界で起こっていることに対する「感度」と、入学してくる生徒に対する「要求」を、受験生でも解答できる問題に仕上げる「作題力」には、いつも舌を巻きます。

さまざまな原典から集めたデータを、問う内容に即して加工された「資料（棒グラフなどの図や、改めて計算された数値に基づく表）」と、「論理的思考力を試すしかけ」には、見事な工夫がこらされています。

問題に答えるためには、「今、世界で何が起こっているのか」、そして「なぜそうなったのか」という背景や過程を理解しておくことが求められます（本書のタイトル『最新版 東大のクールな地理』には、そういう意味が込められています）。

2016年、「東大地理」の面白さを一般の方にも知っていただくために、1冊の本を上梓しました。

この本は、その続編というよりも、あれから4年間に起こった変化も踏まえたうえで、内容を大幅にリニューアルしてまとめた新版です。

テーマや地域ごとにまとめてありますが、どこから読んでいただいてもかまいません。

各章のトビラにある**リードを「10秒」読むだけで、なにがキーワードかを押さえることができます。**

パラパラとめくって**見出しや図表を「1分」見るだけで、ざっくりと“これから”が見えてくるようになっています**（理解が深まるよう、できるかぎり統計や図を添えました）。

なお、東大地理の解答欄は、1行30字です。時間が許せば、解答まで作ってみてください。また、本書で示した答えは、あくまでも「解答の一例」です（東大は解答・解説・配点を一切公表していません）。

とはいっても、この本は、「この問題に答えられますか？ 東大に入れるか、試してみましょう」という主旨のものではありません。

それよりも、長年、予備校講師として「東大地理」を担当している私が毎年うならされる超良問をきっかけとして、日本と世界の変化に思考をめぐらせ、**何が本質的な変化なのか、これからを生きるために何を知り、考えておくことが大切なのか**を、読者の皆さんと共有したい。そういう主旨の本です。

解答例を見て「できた！」「できなかった」ということよりも（もちろんそれがお好きな方はどうぞ！）、解説を楽しんでいただきたいと思っています。

ぜひ「東大地理」を通して、世界がどうつながっているか、どう動いているかを眺めてみてください。

2020年4月

**伊藤彰芳**

# EU

## 人類史上まれにみる実験と試練

### 0. ブレグジットでみるヨーロッパ



### 1. EUの拡大と「検問なしの移動」



### 2. 地中海沿岸でバカンス



### 3. 航空機産業にみる国際分業



### 4. 自動車産業……「EUの３つのグループ」

「世界最強」は盤石?

# アメリカ合衆国

「世界の警察」をやめ「反グローバル化」の旗手へ?

なぜ急に盛り上がってきた?

## Part 6 SDGsと人類の未来

世界が直面する、今ここにある危機

これからの「強み」って何だろう？

# Part 7 日本

過去〜現在〜未来にわたる「強み」と「弱み」

本文デザイン　大下賢一郎
本文 DTP　佐藤 純（アスラン編集スタジオ）

# この本に登場する世界の主要国・地域

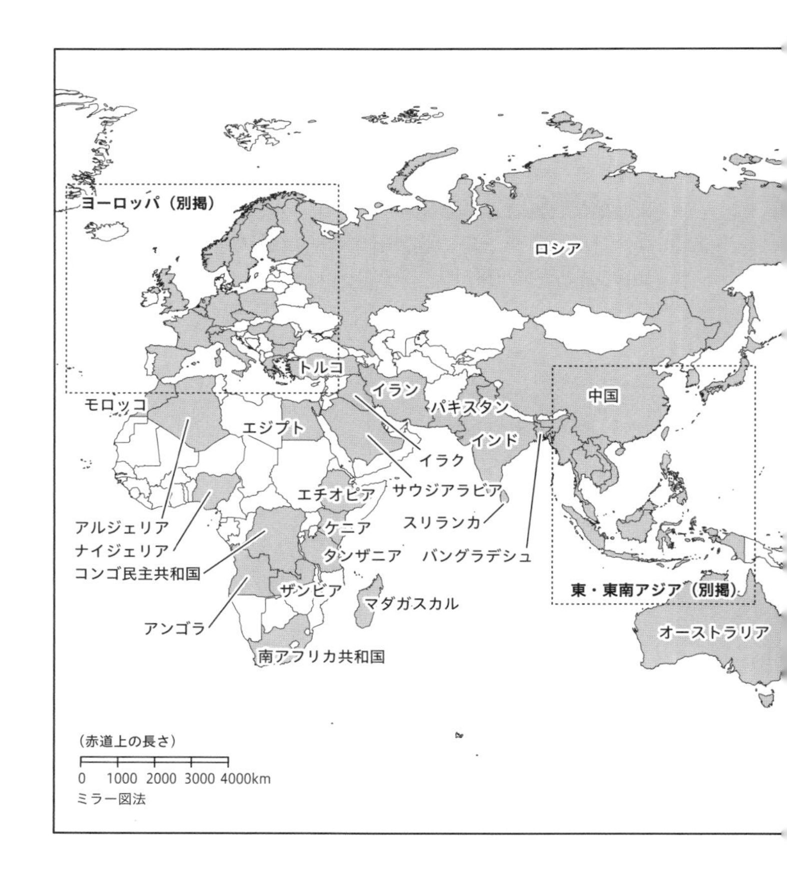

カナダ
アメリカ合衆国
メキシコ
プエルトリコ
パナマ
コロンビア
ペルー
ブラジル
チリ
アルゼンチン
ニュージーランド

# ヨーロッパの主要国

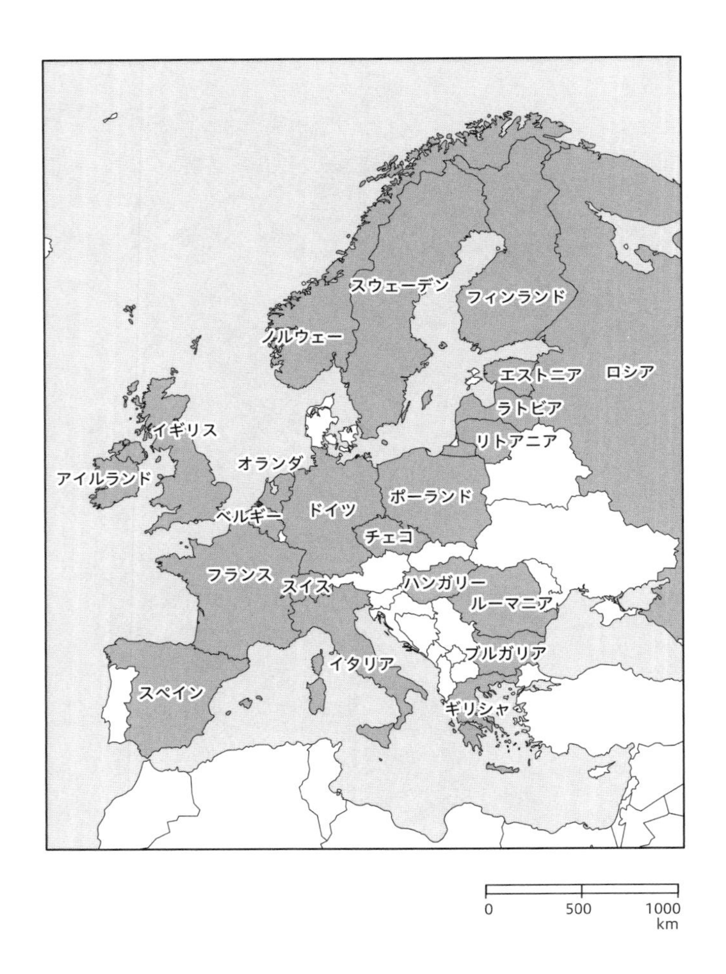

スウェーデン
フィンランド
ノルウェー
エストニア
ロシア
ラトビア
イギリス
リトアニア
オランダ
アイルランド
ポーランド
ベルギー
ドイツ
チェコ
フランス
スイス
ハンガリー
ルーマニア
ブルガリア
イタリア
スペイン
ギリシャ
0
500
1000
km

# 東・東南アジアの主要国・地域

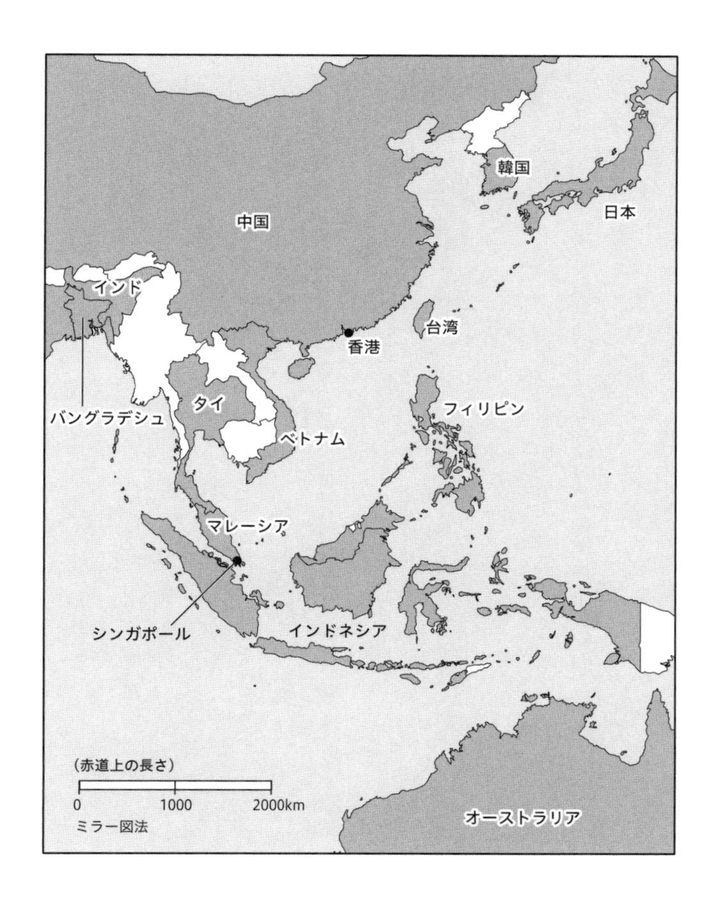

本文中の小さなカッコつき数字（p.040 6行目の[1] など）は、
巻末に出典・URLの記載があることを示しています。

# Part1

# グローバル化と人・モノ・情報の移動

## 東大地理にみる「この10年の激変」

### 10 秒でつかむツボ

新型コロナウイルスが猛威を振るう前までは、世界は“グローバル化”の名のもとに、好き嫌い関係なく結びついていました。激変した「小さくなる地球」をみていきましょう。

# 「新型コロナ」、米中貿易摩擦、そして……

## 「新型コロナウイルス」……グローバル時代の脆さ

目に見えないものによって世界の動きが止まりました（2020年4月頭現在）。

WHO（世界保健機関）が**パンデミック**を表明し、アメリカ合衆国やヨーロッパの国々をはじめ、多くの国が非常事態宣言を出しました。

外国人の入国を制限する国も多く、航空会社は国内線、国際線ともに減便が続き、人の移動は止まっています。

街中でも人々の移動は制限され、多くの商店やレストランが閉鎖されました。ライブやコンサートなどの公演なども中止となり、多くの産業や雇用に影響が及びそうです。オリンピックも延期になりました。

先行き不透明感によって、最高値を更新し続けていたダウなどの株式市場は大荒れとなり、極端な下落と上昇を繰り返しながら、3割近く下落しました。

身近なところでは、マスクや消毒液、トイレットペーパーまでドラッグストアの棚から消えました。こうした事態に直面すると、当たり前のように過ごしていた普段の生活がいかに多くのものに支えられていたのか、また、いかに脆いものなのかを痛感した方も多かったのではないでしょうか。

## 世界経済を牽引する観光業

少し時計の針を戻して、新型コロナウイルスが広がる以前のことを思い出しましょう。

それ以前の世界の人・モノ・情報の移動は、経済のグローバル化が進み、拡大し続けていました。「東大地理」では、こうしたダイナミックな動きを扱ったタイムリーな問題が出題されます。

この章では、こうしたダイナミックな人・モノ・情報の移動とそれにともなう世界の変化についてみていきましょう。

観光や旅行と聞くと、心がすこしウキウキしませんか？

普段とは違う景色や文化に触れることは、心を豊かにしてくれます。

国際旅行収入の成長率は、世界の経済成長率とほぼ同じように変動しますが、リーマンショック後の景気減速時を除いて、ほぼ経済成長率を上回る勢いで成長してきました。国際旅行の多くは観光ですから、観光業は世界経済を牽引している産業の1つといってよいでしょう。

日本でも、2018年の訪日外国人旅行者数は、3,119万人（対前年比8.7%増）と過去最高を記録し、訪日外国人の観光行動を指す**「インバウンド」**という言葉にも、この数年でだいぶ慣れてきたのではないでしょうか。東京〜箱根・富士山〜名古屋〜京都〜大阪と、外国人観光客に人気が高い5都市とその周辺を周遊するルートを**「ゴールデンルート」**というのも、定着してきました。地方でも外国人旅行者をどう呼び込むのかが、地方創生のカギになっています。

東大は、しばしば日本を訪問する外国人旅行者について出題していますが、世界の変化を如実に反映していることがわかります（27ページ参照）。

世界の国際旅行者（到着数ベース）と国際旅行収入は、ほぼ一貫して増加し続けています。国際旅行者は、2018年には14億人を超えました。これは中国の人口と同じ規模（世界の人口のほぼ5人に1人）で、国をまたいだ移動が起こっていることになります。拡大する人の移動について、ここでは日本の観光業からみていきましょう。

## 米中貿易摩擦を数字でみると

増え続けてきたのは、人の移動だけではありません。

モノの移動である貿易も、リーマンショックなどの影響を受けながらも、1990年代から確実に増加し、経済成長を牽引してきました。

貿易拡大の背景には、自由貿易の進展があります。1995年にWTO（世界貿易機関）が設立されて以降、貿易の障害となる関税の割合は、地域経済ブロックの結成などもあり、低下しています。

東大地理は、貿易の拡大や進展について、さまざまな角度から出題してきます。2018年のパナマ運河の拡張に関する問題で、こうしたテーマについてみていきましょう（35ページ参照）。

2019年の後半は、なにかと**「米中貿易摩擦」**という言葉が飛び交いました。

新型コロナウイルスが席巻する前は、HUAWEI（ファーウェイ）への半導体輸出規制や、米中双方が報復関税をかけるというニュースによって株価が上下したりする日もままありました。

もうご存じかとは思いますが、経済規模では、アメリカ合衆国が世界1位、中国が2位です。貿易に目を向けると、**中国は世界最大の輸出国、アメリカ合衆国は世界最大の輸入国です。そして、中国は世界最大の貿易黒字国、アメリカ合衆国は世界最大の貿易赤字国でもあります。**

表1-0-1は、世界からみた中国とアメリカ合衆国の貿易での存在感をみたものですが、輸出入合わせた貿易総額は世界の1割をそれぞれが占め、輸出先ではアメリカ合衆国が13%、輸入先では中国が14%を占めています。この両国の貿易をめぐる対立ですから、大変なことだとわかります。

| 相手国 | 貿易総額 | | 輸出 | | 輸入 | |
|---|---|---|---|---|---|---|
| | 金額 | シェア | 金額 | シェア | 金額 | シェア |
| 中国 | 4,086 | 11.6 | 1,659 | 9.4 | 2,427 | 13.7 |
| 米国 | 3,754 | 10.6 | 2,254 | 12.8 | 1,501 | 8.5 |
| 世界 | 35,307 | 100.0 | 17,556 | 100.0 | 17,751 | 100.0 |

表1-0-1：世界からみた中国・アメリカ合衆国との貿易

（単位：10億ドル、%）
『通商白書2019』より

## 情報の移動

さて、当たり前ですがモノよりも早く移動するのが情報です。

情報化社会といわれるようになって久しいですが、**ICT**（Information Communication Technology・情報通信技術）の発達によって、世界中の情報に接することができるようになりました。

世界のデータ通信量は、2017年から2020年にかけて約2倍に増加したといわれます。

インターネットのない生活を想像するのが難しいくらいに、なくてはならないものになりました。インターネットを通して映像や音楽に触れるのは当たり前で、ダウンロード販売ではなく、定額で見放題や聴き放題の**サブスクリプションサービス**が徐々に普及し始めているのも、それだけネット環境が整備されているからです。

2020年、本格的に**5G**（第5世代移動通信システム）の運用が始まりますが、これは現在主流の4Gに比べて通信速度は20倍、遅延速度も10分の1という超高速通信です。

4Gだとダウンロードに30秒かかったデータが3秒で完了します。動画配信だけでなく、**IoT**（Internet of Things：モノのインターネット）の普及が進んだり、自動運転や手術などの遠隔操作も可能となります。

5Gをめぐっても、セキュリティ対策や規格などをめぐってアメリカと中国の対立が生じています。ICT産業というと、アメリカ合衆国が最先端の研究施設や高額な報酬を背景に、世界中から優秀な留学生や研究者を集めてリードしてきたイメージがありますが、中国の台頭によって、これからの技術に関する世界地図が変わるかもしれません。

# 日本の観光業

インバウンドが地方創生の切り札だと言われはじめて、だいぶ時間が過ぎたように思います。

ではどこからやってくる観光客が多いのか、すぐにイメージできるでしょうか？

もちろん、東アジア・東南アジアの近隣地域からですね。東大では、日本への観光客の増加について、次のような問題が出題されました。

## Q 2019年 第2問 設問B(3)

近年、観光や商用などで外国を短期間訪問する国際旅行者が、世界的に増加している。表2－2は、日本を訪れる旅行者が、2015年時点で上位の国・地域について、2005年と2015年の訪日旅行者数を示している。

表2－2

| 順位 | 国・地域 | 訪日旅行者数（万人）2015年(a) | 訪日旅行者数（万人）2005年(b) | (a)/(b) |
|---|---|---|---|---|
| 1 | 中国 | 499 | 65 | 7.6 |
| 2 | 韓国 | 400 | 175 | 2.3 |
| 3 | 台湾 | 368 | 127 | 2.9 |
| 4 | 香港 | 152 | 30 | 5.1 |
| 5 | アメリカ合衆国 | 103 | 82 | 1.3 |
| 6 | タイ | 80 | 12 | 6.6 |
|  | 世界計 | 1,974 | 673 | 2.9 |

日本政府観光局資料による。
中国には台湾・香港・マカオは含まれない。

⑶ 表２－２からは、中国とタイからの訪日旅行者が、近年、とくに増加していることが読みとれる。中国とタイからの旅行者数が増加している共通の理由として考えられることを、下記の語句をすべて用いて、３行以内で述べなさい。語句は繰り返し用いてもよいが、使用した箇所には下線を引くこと。

所得階層　　政策　　航空　　入国管理

## 2015年、日本の観光収支は黒字に

問われているのは、中国とタイからの旅行者数が増加している共通の理由です。この問題は、大学受験生よりも社会人の方が解けそうな気がしますね…。

日本への外国人旅行者数は、年々増加し、ついに2015年、出国日本人数を上回りました（図1-1-1）。2011年からの一貫した増加は、驚くほどです。日本の国際旅行収支が黒字になったのも、2015年からです。

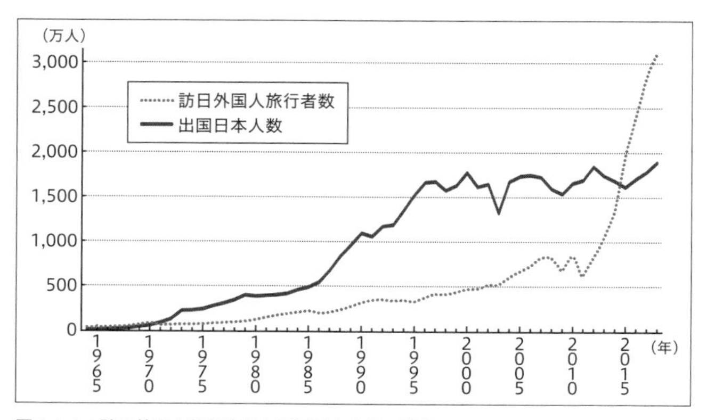


図1-1-1：訪日外国人旅行者数と出国日本人数の推移

資料：日本政府観光局資料に基づき観光庁作成

2015年以降の変化には何があるのかといえば、もちろん近隣の**アジアからの訪日外国人の急増**です。

図1-1-2は、2018年の訪日外国人旅行者数の内訳を示したものですが、中国、韓国、台湾、香港などの東アジアから73.4%、タイ、シンガポール、マレーシアなどの東南アジアから10.7%と、この2つの国・地域からだけで8割を超えています（改めてみてみるとすごい数字ですね…）。

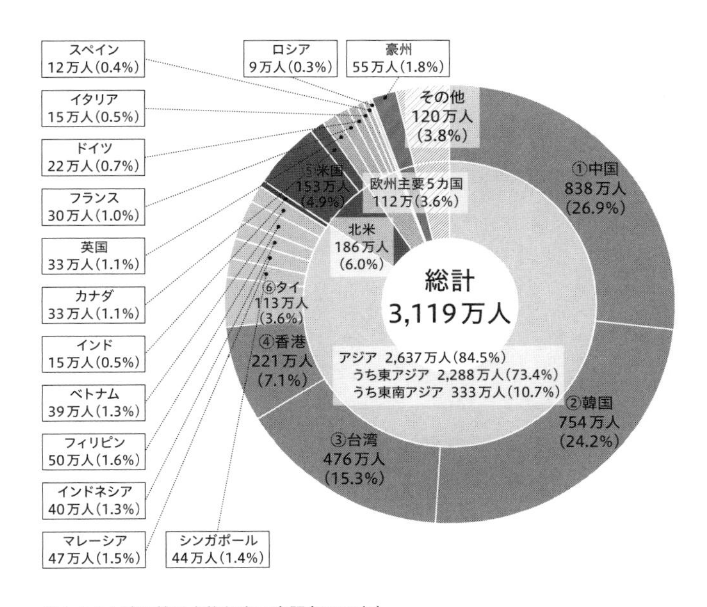


**図1-1-2：訪日外国人旅行者の内訳（2018年）**

観光白書より。
資料：日本政府観光局資料に基づき官公庁作成
注1：( )内は、訪日外国人旅行者数全体に対するシェア。
注2：「その他」には、アジア、欧州等各地域の国であっても記載のない国・地域が含まれる
注3：数値は、それぞれ四捨五入によっているため、端数において合計とは合致しない場合がある。

上位6か国・地域（中国、韓国、台湾、香港、アメリカ合衆国、タイ）のうち、問題で問われている中国とタイは、それぞれ1位と6位ですが、2013年頃から急増しています。

ちなみに、2019年7月には、中国からの訪日数は過去最高の105万500人となり、100万人を初めて超えました。

## 急増するアジアの「新中間層」

観光などの余暇活動は、経済的・時間的余裕がなければ無理ですから、こうしたアジアからの急増は、もちろんアジアの経済発展が背景にあります。

**「中間層」**は、なにを基準にするかによって定義が若干異なりますが（資産や所得など）、世界銀行の定義では1人1日当たりの所得は10～100ドル、つまり年換算で3,650～36,500ドルです。問題では中国とタイについて問われていますが、ここではまず、訪日数の最も多い中国についてクローズアップしてみましょう。

では、答えてみてください。

現在、中国の1人当たりのGNI（国民総所得）はどれくらいで、「中間層」と言われる人たちは中国にどれくらいいるでしょうか？

答えは、1人当たりのGNIは8,658ドル（2017年）で、中間層は（保守的に見積もって）3億人を超えます。世帯でみると4億5千万人が中間所得世帯に属し、中間所得層と高所得層を合わせると、**約6億人**が中間所得以上の収入がある世帯に属するといわれます。6億人というのは、日本の人口の約5倍弱に相当します。

## 「ビジット・ジャパン」キャンペーン

新興国の「新中間層」の増加を受けて、日本は大々的に外国人旅行者の誘致キャンペーンを行いました。

観光庁（2008年発足）は、ビジット・ジャパン事業として、2020年には「訪日外国人旅行者数4,000万人、訪日外国人旅行消費額8兆円」を達成することを目標とし、重点20市場でのターゲット別対応策を定めるなど、訪日プロモーション方針を発表しています。

また、観光客の受け入れを促すために、中国やタイの人に対するビザ（査証）発給要件を緩和しました。

中国からの旅行者に対しては、1999年に中国政府が日本への団体旅行を解禁したことにはじまり、日本は2000年から団体観光旅行客へのビザ発給を開始し、2009年には個人観光客へのビザ発給も始めました。

その後も、商用や文化目的の人、さらには高所得者に対する数次ビザの導入や発給要件の緩和を進めるなど、日本を訪れるハードルは下がり続けています。さらに2020年にはビザの電子申請も整備され、今後も訪問者の増加は必至でしょう。

タイからの旅行者に対しても、2013年からIC旅券を持っている旅行者には15日以内の滞在ならばビザを免除しています。ちなみに現在、日本が訪日外国人に対してビザを免除している国・地域は欧米の国を中心に68あります（2019年9月時点）。

## 中国人観光客の「買物代」

中国からの観光客が重要なのは、その規模だけではありません。表1-1-3は、日本が観光客の誘致で重要視している20市場の費目別1人当たり旅行支出を示したものです。

東アジア・東南アジアからの観光・レジャー目的だと、だいたい5〜7泊くらいで宿泊数はほぼ同じですが、費目の「買物代」に注目してみてください。

欧米からの旅行者は、泊数も多くなるので、宿泊費や飲食費、交通費などが大きくなりますが、**中国の1人当たり旅行支出は、東アジア・東南アジアでは群を抜いて多く、特に買物代がとても多い**ことに気づきます。

ご存じかもしれませんが、**中国の旅行支出は、アメリカ合衆国のほぼ2倍で、ダントツの1位**です。

中国からの旅行者は、規模だけでなく、1人当たりの消費額も多いので、日本以外の国も注目するのは当然ですね。

では、中国人観光客が最も訪れる国はどこでしょう？

それは、タイです。

先ほど日本の政策のところで触れた、ビザの電子申請をすでに取り入れ、試験的に短期の滞在ならばアライバルビザの申請料を無料化し、入国者数を増やしています。タイを訪れる観光客も年々増え続け、2018年には3,830万人に達しましたが、そのうち、27.5%にあたる1,050万人が中国からの旅行者です。また、タイの経済にとって観光業は重要な産業で、タイのGDPの12.3%を占め、その割合は年々上がっています。

## 国際旅客輸送で急増するLCC

最後に、それを支える交通について目を向けてみましょう。

| 国籍・地域 | 【費目別旅行支出】 | | | | | | |
|---|---|---|---|---|---|---|---|
| | 旅行支出総額 | 宿泊費 | 飲食費 | 交通費 | 娯楽等サービス費 | 買物代 | その他 |
| 全国籍・地域 | 153,029 | 45,787 | 33,748 | 16,160 | 6,011 | 51,256 | 67 |
| 韓国 | 78,084 | 24,974 | 19,961 | 7,636 | 3,917 | 21,549 | 47 |
| 台湾 | 127,579 | 35,312 | 28,190 | 13,548 | 5,059 | 45,441 | 30 |
| 香港 | 154,581 | 45,625 | 36,887 | 16,683 | 5,063 | 50,287 | 36 |
| 中国 | 224,870 | 47,854 | 39,984 | 16,834 | 7,998 | 112,104 | 95 |
| タイ | 124,421 | 36,836 | 27,740 | 15,033 | 4,416 | 40,248 | 149 |
| シンガポール | 172,821 | 63,311 | 41,406 | 19,890 | 6,467 | 41,691 | 54 |
| マレーシア | 137,612 | 44,950 | 30,400 | 16,371 | 6,466 | 39,422 | 3 |
| インドネシア | 141,419 | 48,117 | 29,156 | 20,946 | 5,585 | 37,599 | 17 |
| フィリピン | 121,921 | 31,448 | 30,074 | 14,459 | 6,077 | 39,596 | 268 |
| ベトナム | 188,376 | 55,818 | 43,846 | 18,900 | 5,923 | 63,649 | 240 |
| インド | 161,423 | 75,371 | 34,026 | 21,864 | 3,747 | 26,415 | 0 |
| 英国 | 220,929 | 100,692 | 56,050 | 33,172 | 8,341 | 22,641 | 34 |
| ドイツ | 191,736 | 84,555 | 47,536 | 28,333 | 5,974 | 25,250 | 87 |
| フランス | 215,786 | 85,544 | 56,933 | 33,438 | 7,358 | 32,472 | 41 |
| イタリア | 223,555 | 87,652 | 57,803 | 39,204 | 7,552 | 31,057 | 287 |
| スペイン | 237,234 | 92,543 | 62,129 | 42,159 | 7,620 | 32,783 | 0 |
| ロシア | 188,256 | 62,710 | 43,837 | 22,038 | 7,973 | 51,554 | 143 |
| 米国 | 191,539 | 82,286 | 50,630 | 27,318 | 7,865 | 23,406 | 34 |
| カナダ | 183,218 | 74,857 | 47,469 | 27,579 | 7,993 | 25,176 | 144 |
| オーストラリア | 242,041 | 99,175 | 58,878 | 34,892 | 16,171 | 32,688 | 236 |
| その他 | 199,728 | 84,529 | 48,463 | 29,455 | 6,354 | 30,912 | 14 |

表1-1-3：重点20市場の費目別1人当たり旅行支出　（円／人）

訪日外国人消費動向調査（2018年）

指定語句の「航空」がヒントになりますが、その移動の加速度的な増加の背景には、**LCC**（格安航空会社：Low Cost Carrier）をはじめとする国際旅客輸送の拡大があります。

国際線LCCの旅客数は、規模も国際線に占める割合も、この数年拡大しています。

LCCは、従来の航空会社（FSC：フルサービスキャリアといわれます）に比べて、空港使用料などの運航コストを節約したり、機内の座席数を増やしたり、機内サービスを簡略化したりするなどして 、利用者に安い価格で輸送サービスを提供する航空会社です。

LCCの就航は、国・地域別では東アジアの韓国、台湾、中国・香港を結ぶ路線が約88%を占めています。

2015年に、成田空港でLCC専用の第3ターミナルが供用されたことがニュースで取り上げられたことを、覚えている方もいるのではないでしょうか。関西空港や中部空港でも供用が開始され、外国人旅行者の重要な玄関口となっています。

解答では、両国の経済発展にともなう中高所得層の増加に加え、受け入れる日本が誘致政策や入国しやすいように制度を改正したこと、さらにはLCCの就航が拡大したことをまとめます。

**解答例**

**⑶経済発展により中高所得の所得階層が増えたことに加え、日本では誘致政策を進め、ビザ発給要件の緩和や入国管理の簡素化、誘致イベントが行われ、格安航空の就航も拡大したため。（83字）**

# 拡大する貿易：パナマ運河の拡張

人の移動に続いて、モノの移動についてみていきます。

世界の貿易は拡大し続けてきました。それに合わせて、当然、国際貨物輸送の主役である船舶の輸送量も増加しています。

東大では、パナマ運河の拡張という切り口から、中国と南北アメリカとの貿易について出題されました。

## 2018年 第2問 設問A(3)

国際海運（外航海運）の形態には、あらかじめ航路や日程を定めて運航される定期船と、それを定めないで運航される不定期船とがあるが、定期船の多くは、コンテナを用いて貨物を運ぶコンテナ船である。一方、不定期船の多くは、大量の液体を運ぶタンカーや、鉱石や穀物などの梱包されていない貨物を運ぶ船舶である。それらは、ばら積み船と総称されている。ばら積み船のうち、タンカーや鉱石専用船は非常に大型のものが多い。

(3)　2016年6月に、9年の工期を要したパナマ運河拡張工事が完了した。これまでより運河の幅や水深が大きくなり、非常に大型の船舶以外は通行が可能になった。これによって、東アジアの輸出入品輸送はどのような影響を受けると考えられるか。輸出品と輸入品の例をあげ、下記の語句をすべて用いて、あわせて3行以内で述べなさい。語句は繰り返し用いてもよいが、使用した箇所には下線を引くこと。

コンテナ船　ばら積み船　陸上輸送　輸送費　アメリカ大陸

## パナマ運河のしくみと歴史

問われているのは、パナマ運河の拡張工事によって東アジアの輸出入品の輸送がどのような影響を受けるのか、ということです。

まずは、パナマ運河の位置について確認しておきましょう（17ページ参照）。

パナマ運河は、カリブ海と太平洋を結ぶ運河で、アメリカ合衆国によって建設され、1914年に開通しました。地図で見ると細い（全長約82km）ので、建設は容易に思えますが、この地域は山がちな地形なので、その高低差（運河中央部は海抜26m）を乗り越えなければいけませんでした。そこで、採用されたのが、3段階の閘門（ロック）を設けることにより，船の水位を上下させて通航させる閘門式運河です。

この運河によって、南米大陸最南端のマゼラン海峡経由で通行しなければならなかった船舶の航路は、大幅に短縮しました。

海上交通では重要な運河であるため、1999年まではアメリカ合衆国の管轄下にありました。現在では、アメリカ合衆国から返還され、パナマ運河庁が管理しています。

閘門式運河というのは、閘門で仕切られた「水槽」の水位を上下させることで水の階段を作り、高低差を克服するものですが、パナマ運河の場合、ポンプなどの動力は使われていません。最も高いところにある人造湖（ガトゥン湖）からの水を、各「水槽」を地下で結ぶ水路の弁の開閉をすることで水位を上下させています。人造湖からの水は、順番に下の「水槽」へと運ばれていき、最終的には海へと放出されます。こうしたしくみで水位の上下動が可能なのは、パナマ運河が熱帯の多雨地域にあることで、人造湖に常に水が供給されるためです。

## 東アジアと南北アメリカを結ぶ

ここで少し、大局的にモノの流れを考えてみましょう。パナマ運河を使っているおもな国は、どこでしょうか？

パナマ運河庁によるパナマ運河を通過する貨物の出発地・到着地の上位国のデータを見ると、**アメリカ合衆国からの出発・到着がダントツで多く、次いで中国、日本が続きます。**結局、この問題は、米中貿易摩擦で話題になるアメリカ合衆国と中国の貿易について、ちょっと変わった切り口で問うていることになります。

注目したい点としては、アメリカ合衆国と中国は、出発の方が多く、日本、韓国は到着の方が多いことがあげられます。日本、韓国にアメリカ合衆国からさまざまなものが輸入されていることが想像できます。

## 米中貿易摩擦とパナマ運河

東アジアの中国からパナマ運河を通って、運ばれていくのは、どのような品目でしょうか？

指定語句にもあるように、コンテナ船に満載されていく工業製品でしょう。中国だけでなく、同じ東アジアの日本、韓国からも自動車を含めた工業製品が移動していくのは、容易に想像できますね。ASEANを含めた東・東南アジア地域は、世界の工業生産の拠点です。

一方、南北アメリカで最も利用が多いのは、アメリカ合衆国

ですが、なにを輸出するのでしょう？
　もちろん、小麦やトウモロコシなどの穀物や、天然ガスなどのエネルギー資源でしょう。
　ただし、問題文の最後に、「ばら積み船のうち、タンカーや鉱石専用船は非常に大型のものが多い」とあり、小問の問題文にも「非常に大型船舶以外は通行が可能になった」とあるので、ここでは、エネルギーは除外しておきましょう（拡張工事によって増加していることを後で述べます）。
　そうすると穀物、ということになりますね。アメリカ合衆国は、小麦やトウモロコシなどの穀物を大量に輸出する食糧基地です。

　もちろん、パナマ運河の拡張工事によって、相互の輸送量は増えます。貿易が活発になれば、その分だけ、貿易摩擦も生じやすくなります。

## 「ネオパナマックスサイズ」とは？

　ちなみに、どれだけ大きな船舶を造っても、パナマ運河を通れなければ、大回りをしなければいけないので、「パナマ運河を通れる船舶＝最大のサイズ」ということになります。パナマ運河を通れる船舶のことを、パナマックスサイズといい、１つの船舶の標準形になっています。
　船舶の大きさは、超弩級（超ド級）という表現が、イギリスの軍艦（dreadnought：ドレッドノート）に由来するように、かなり具体的です。今回の運河拡張によって、パナマックスサイズも大きくなり、**ネオパナマックスサイズ**がスタンダードとなりました。

パナマックスサイズとネオパナマックスサイズの船種別の輸送量の内訳を見ると、ネオパナマックスサイズだとコンテナ船とLPG船（液化石油ガス：Liquefied Petroleum Gas)、LNG船（液化天然ガス：Liquefied Natural Gas）の割合が圧倒的に多いことがわかります[1]。

## 船舶と鉄道の輸送費

なんとなく、書くべき解答は見えてきましたが、対処すべきことがまだ残ってます…。

指定語句の「輸送費」と「陸上輸送」は、どう使ったらよいでしょうか？

ここは、船舶の方が、陸上輸送の鉄道と比べて輸送費が安くなることを指摘します。

貨物輸送でも輸送費は、なるべく節約するに越したことはありません。そのために、各種の専用船が造られてきました。

図1-2-1は、アメリカ合衆国とカナダの鉄道網を示したものです（こんな地図を眺めていると、ついつい乗ってみたくなりますね…)。

国土の広いアメリカ合衆国やカナダでは、貨物輸送は鉄道輸送が中心です。アメリカ合衆国の大陸横断鉄道は、フロンティアの開拓をはじめ、多くの人やものを西へと運んでいきました。

しかし鉄道に比べて、船舶はもっと輸送費が安いのです。ミシシッピ川から運び出された小麦は、河口のニューオリンズを経て、パナマ運河を通って東アジアへと運ばれていきます。それまで陸上輸送（鉄道）で太平洋岸まで運ばれていた小麦が、

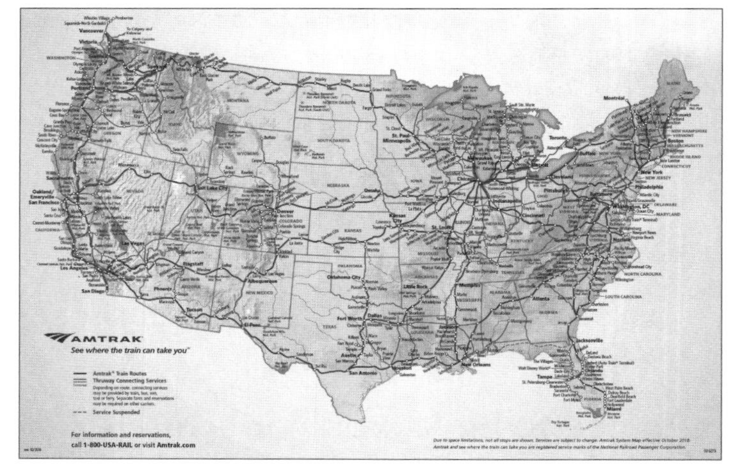


図1-2-1：アメリカ合衆国の大陸横断鉄道　　amtrakHPより

より輸送費の安い、ミシシッピ川から水運で運ばれていくことがイメージできるとよいでしょう。

解答では、東アジアからはコンテナ船で工業製品が、アメリカ大陸からは穀物が積み出され、相互の輸送量が増加することをまとめましょう。そこに、水上輸送の方が、陸上輸送よりも輸送費が安いことを加えます[1)]。

**解答例**

**⑶東アジアからはコンテナ船の大型化により工業製品が多く輸出され、アメリカ大陸からは、陸上輸送で運んでいた穀物も輸送費の安いばら積み船での輸送が可能となり、相互の輸送量が増加する。（89字）**

# 情報の流動①：アメリカとイギリス、プエルトリコ

最後に、情報の流動についてみていきましょう。

アメリカ合衆国とイギリス、アメリカ合衆国とプエルトリコの国際通話についてです。

## 2014年 第2問 設問A(1)

図2－1(42ページ)は、アメリカ合衆国を中心とする2008年における音声電話の通信量の分布を示している。ここでの音声電話は、電話専用回線での通話と、インターネットの回線を用いた通話の両方を含む。2つの国・地域を結ぶ線が太いほど、それらの国・地域の間の通信量が多い。この図は海底ケーブルなどの主要な長距離の通信路線を対象としており、短距離の通信路線を用いた通話(たとえば日本と韓国の間の通信)は示されていない。

(1) アメリカ合衆国とヨーロッパとの間では図2－1のAのイギリスとの回線の通信量が多く、アメリカ合衆国と中米およびカリブ海地域との間ではBのプエルトリコとの回線の通信量が多い。これらの理由を、あわせて2行以内で述べなさい。

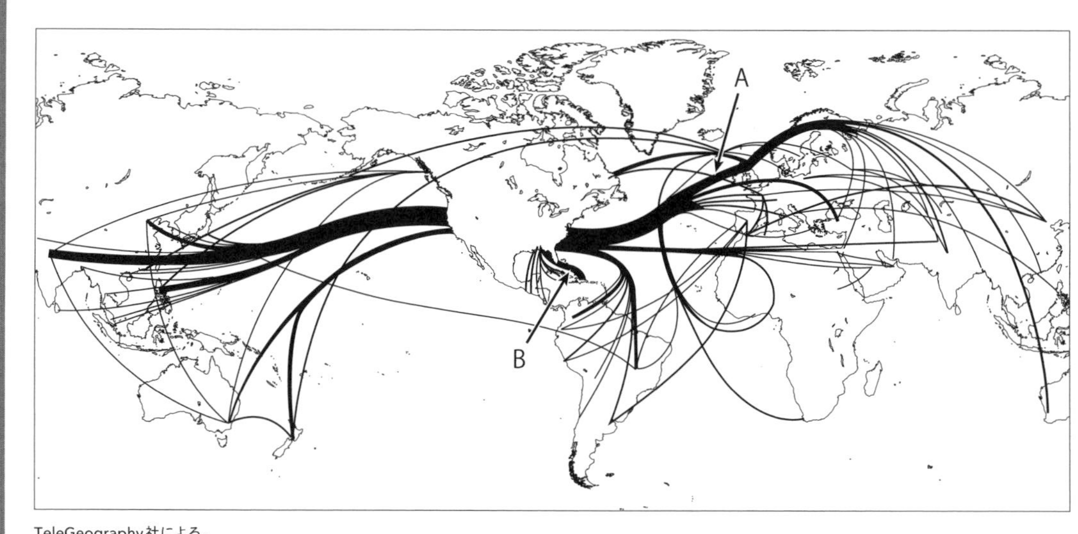


TeleGeography社による。

図2−1

## 言葉と通信量

問われているのは、アメリカ合衆国の回線使用量で、A：ヨーロッパのなかではイギリスとの通信量が多く、B：中南米のなかではプエルトリコとの通信量が多い理由です。

この問題は、ウォーミングアップのようなものです。

ここで注意すべきは、「音声通話」であることでしょう。

まずは、Aについて考えてみましょう。ここで注意しなければならないのは、「ヨーロッパの間では」という部分です。当たり前のように思えるかもしれませんが、アメリカ合衆国、イギリスともに英語圏である、ということは思いつくでしょう。

日本では、英語をまず国際語として中学校から（最近では小学校から）勉強するので、意外に思われるかもしれませんが、ヨーロッパのEUに加盟していたイギリスを含めた28か国のうち、英語を公用語としている国は、何か国あるでしょうか？

答えは、イギリス、アイルランド、マルタの3か国しかありません（イギリスの場合、連合王国を構成するそれぞれの国で公用語となっているので、正確には6か国ですが…）。

あまり思い出したくないかもしれませんが、英語のヒアリングで苦労した方は多いのではないでしょうか？

普段英語を使う機会があまりなく、文法も異なる英語のヒアリングは、今でも受験生が最も苦手なものの一つです。

もちろん、英語を公用語としている国以外でも、ヨーロッパならば英語はたいてい通じますが、ヨーロッパの他の国に比べて、言葉が同じである、ということは通話を含めた通信量に関するこのような問題では忘れてはいけません。

では次に、英語以外に、どのようなことを挙げればよいのでしょう？

ニューヨークとロンドンは、国際金融都市です。

アメリカ合衆国とイギリスは、1991年の東西冷戦終結以降、**「製造業から第3次産業へ」**と産業構造をシフトさせることで、金融業や保険業を中心に高い経済成長率を示してきました。

金融業については、金融資本主義という言葉を聞いたことがある人も多いのではないでしょうか。

2008年の**リーマンショック**の時に話題になったサブプライムローンは、金融工学ともいわれる複雑な手法による金融派生商品（デリバティブ）の例です。こうした金融業をリードしてきたのは、ニューヨークのウォール街とロンドンのシティを中心とする金融エリートたちです。

もちろん金融業界や保険業界だけではありませんが、アメリカ合衆国とイギリスを結ぶ通信の多くは、こうした相互の経済活動の活発さによるものです。

## アメリカ合衆国の「自治領」とは？

一方、Bのプエルトリコはどうなのでしょう？

プエルトリコという地名は、メジャーリーグなどの野球が好きな方なら聞いたことはあるかもしれませんが、あまり馴染みのない人も多いかもしれません。

プエルトリコは、カリブ海に浮かぶ島で、アメリカ合衆国の**自治領**です（17ページ参照）。

自治領の人は、州と異なり、市民権は持っていますが、大統領選挙の投票権は与えられていません。

アメリカ合衆国の中南米出身のスペイン語を話す人々は、**ヒスパニック**とかラティーノといわれることはご存知でしょう。

ヒスパニックは、出稼ぎなどでたくさん流入し、現在では全人口の18.4%を占めるアメリカ合衆国最大のマイノリティとなっています(2018年)。

プエルトリコは、約340万人が暮らすヒスパニックが大半を占める島ですが、所得水準はアメリカ本国の63,080ドルに比べて、21,100ドルと4割弱に過ぎません(2018年：世界銀行のHPによる)。

そのため、多くのプエルトリカンたちが昔から本土へと仕事を求めて流入し、その流れは続いています。年配の方なら、映画やミュージカルで有名な「ウエストサイド物語」の抗争の片側がプエルトリコ移民グループだったことを覚えているかもしれません。

プエルトリコはこうした出稼ぎ者の送金によって支えられています。アメリカ合衆国の本土に暮らすプエルトリカンは約540万人にのぼり、プエルトリコに暮らす人よりも多く、ヒスパニックの出身地としてはメキシコ人に次ぐ多さです。

アメリカ合衆国とプエルトリコを結ぶ通信の多さは、本土と島を結ぶ家族間の通信が多いことによるものです。スペイン語が行き交っているわけです。

では、これらのことを踏まえて、解答をつくってみます。

解答では、通信の主な目的について、ビジネスなのか、親族間の内輪なものなのかを書き分けたうえで、その背景（英語圏や、スペイン語圏ではあるが自治領であること）を加えてまとめます。

**解答例**

(1)Aは同じ英語圏で経済関係の強さから商業利用としての通信が多く、Bは自治領で多くの移民による家族間での通信が多いため。(58字)

# 情報の流動②
# アメリカ合衆国とインド

前の問題の続きになりますが、アメリカ合衆国とインドの関係をみていきたいと思います。実は、この2国、地球の裏側にある国どうしだからこそ、うまくいっているという例です。

**2014年 第2問 設問A(2)**

近年、アメリカ合衆国とインドとの通信量が急増しており、図2－1(42ページ)によると、日本・韓国・中国との通信量に比べてかなり多い。この理由を2行以内で述べなさい。

## 東大の意図とは？

問われているのは、「日本、韓国、中国」つまり東アジアと比べて、インドとの通信料が「急増」している理由です。

気をつけなければいけないのは、与えられた資料からは、「急増している」という変化は読み取れないにもかかわらず、問題文では「急増している」理由が問われているということです。

東大地理では、与えられた資料からは読み取れないはずのことが問われるケースが、しばしばあります。それは、受験生に書かせたい解答（高校地理のレベルで学習しているはずのこと）

が、まず先にあり、問題で提示する資料はその入り口（落語でいう「まくら」のようなもの）に過ぎないことが多いからです。

では、アメリカ合衆国とインドとの通信量の増加は、どのような理由によるものでしょうか。

## インドの準公用語は英語

インドは、人口14億弱を抱える世界2位の人口大国であり、一人っ子政策などで人口増加率が低下した中国を抜き、**2035年には、人口15億の世界最大の人口を抱える国になることが予測されています。**

これだけ多くの人が暮らすインドでは、公用語はヒンディー語ですが、ヒンディー語を話す人は北部を中心に2.6億人に過ぎず（といってもすごい数ですが…）、憲法が認める公用語は22にのぼります。

このような状況のなかで、イギリス植民地だったインドでは英語が共通語（準公用語）として話されます。

1つ前の問題でも、言語は重要だと確認しました。

情報や通信の分野では、コミュニケーションをする言語はとても重要です。**ICT産業**（情報通信産業：Information Communication Technology）がさかんになり、国際的な通信が一般化している現代では、英語が使える、ということは大きなアドバンテージになります。

## インドのシリコンバレー：バンガロール

では、どうして東アジアの日本、韓国、中国に比べて通信量が多くなるのでしょう。

インド南部に、カルナータカ州の州都バンガロール（ベンガルール）という都市があります（図1-4-1参照）。地理を勉強したことがあるならば、バンガロールが、「インドのシリコンバレー」といわれているのを聞いたことがある人もいるのではないでしょうか（受験生のなかには、インドの都市とくれば、まずバンガロールを思いつき、首都だと思っている子もいたりしますが…）。

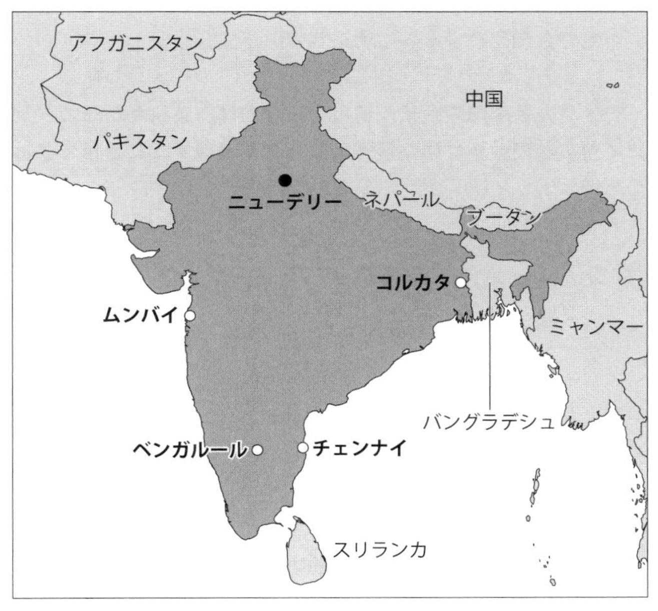


図1-4-1：インドの主要都市　https://www.mofa.go.jp/mofaj/area/india/index.html

バンガロールでは、1991年の経済の自由化以降、主にアメリカ合衆国の企業が進出し、ソフトウェアなどのICT産業が発達してきました。

ICT産業ならば、直接モノのやりとりをするわけではなく、電子メールを使ったり、今ならばクラウド上でのやりとりでよいので、離れていても問題ありません。

**Google、Microsoft、Adobeといえば、アメリカ合衆国のICT企業ですが、CEOなどにインド出身者がいることをご存知の方も多いでしょう**[2]**。**

インドの古代文明であるインダス文明が「0を発見した」ことで有名なように、インドは、理数系の教育に力を入れ、こうした分野を得意とする人に恵まれています。

**アメリカ合衆国の企業が進出する理由は、英語が話せて、安価で豊富な理数系に強い優秀な技術者を確保することができるからです**[2]**。**

## コールセンター業務のアウトソーシング

ただし、ここで注意すべきは、音声通話であることです。

となると、コールセンター業務も挙げましょう。アメリカの消費者がテレビショッピングやサポートセンターに電話をした際に、英語で会話しているならば、インドにいる人と話をしていても、気にはなりません。

コールセンター業は、1つの部屋に何人ものオペレーターがいるわけですから、豊富な低賃金労働力を必要とする労働集約的な側面が強い業種です。労働賃金の安いインドにはぴったりです。

インドのコールセンターでは、アメリカ合衆国内の電話をかけてきた場所が分かり、その場所にちなんだ情報がオペレーターには示されるそうですから、電話をかけた消費者は、近くにいる人と話をしている気になるのかもしれません。

## アメリカとインドの意外な関係

さらに、アメリカ合衆国とインドの位置関係を考えてみましょう。よく見る普通の世界地図からはわかりにくいかもしれませんが、国際連合の旗（図1-4-2）でみると興味深いことが見えてきます。

図1-4-2：国際連合旗（中心部を拡大したもの）

インドとアメリカ合衆国は、北極点を挟んで一直線に並んでいます。つまり、インドとアメリカ合衆国はちょうど経度的に反対側にあって、昼と夜が逆になるのです（正確には、本初子午線の通るイギリスを基準にすると、シリコンバレーのあるアメリカ合衆国西部は8時間遅く、インドは5時間30分早いので、時差は13時間30分です）。

この2つの国がタッグを組むと、ソフトウェア産業では、時差を利用して24時間体制で取り組むことができ、コールセンター業では、アメリカの深夜に流れるテレビショッピングの注文を、インドでは昼間に受けることができます。

## 世界のオフィス

インドは、サービス貿易の「通信・コンピュータ・情報サービス」分野では、近年、受取額・収支ともに世界1位で推移してきました（2017年は2位）。

サービス貿易とは、通常のモノ（財）が移動する貿易ではなく、運輸、情報通信、金融、旅行、建設、コンサルタントなどサービスについての国際取引です。

インドは、通信を通してさまざまな業務を請け負うことで、「世界のオフィス」といわれます。

解答では、英語が使えることを忘れないようにして、理数系に強い豊富な低賃金労働力を背景に、ソフトウェアなどのICT産業やコールセンター業が発達していることをまとめます。

**解答例**

**⑵英語が使用できることに加え、時差を利用した研究開発による分業体制が進み、ICT産業やコールセンターの進出が進んだため。（59字）**

# 東大の10年前の問題でわかる時代の激変

最初の問題で、中国やタイからの訪日旅行者数が増加している理由をまとめましたが、10年前の2010年には、まったく逆のことが問われています（「十年一昔（ひとむかし）」とは、まさにこのことです）。

## 2010年 第2問 設問A(4)

**設問A** 次の表は、東アジア・東南アジア・南アジアの6つの国(地域)の国籍保持者のうち、2008年に観光、商用などを目的とする旅行者(短期滞在者)として日本へ入国した者の、入国目的の実数と割合を示したものである。

(4) 日本国籍保持者のイへの旅行者数は約400万人(2007年、世界観光機関による)と、イの日本への旅行者数を大幅に上回っている。このような不均衡が生じている理由を、2つの要因を挙げて2行以内で述べなさい。

表

単位：千人

| 国（地域） | 総数 | 観光 | | 商用 | | 親族訪問ほか | |
|---|---|---|---|---|---|---|---|
| 韓国 | 2,219 | 1,716 | 77% | 326 | 15% | 177 | 8% |
| ア | 1,354 | 1,232 | 91% | 90 | 7% | 33 | 2% |
| イ | 636 | 386 | 61% | 191 | 30% | 58 | 9% |
| シンガポール | 164 | 131 | 80% | 27 | 16% | 6 | 4% |
| ウ | 55 | 15 | 28% | 16 | 29% | 24 | 43% |
| エ | 42 | 6 | 15% | 23 | 55% | 12 | 29% |

法務省入国管理局資料による。

問題を見る前に、まず空欄を埋めておきましょう。アは台湾、イは中国、ウはフィリピン、エはインドです。2008年のデータですが、かつては、アジアNIESの4か国・地域からの訪日数が多かったことがわかります。この時期は、アジアNIESからの観光客を取り込むことが重要だったわけです。

それにしても、イの中国がずいぶん少ないことに驚かされます。ちなみに、国際旅客のデータは、年による変動が大きいため、入試対応としては覚えたくないデータです…。

## 日本と中国のアンバランス

問われているのは、日本から中国へ行く人が多くて、中国からの旅行者が少ない理由です。最初にみた問題とはまったく逆のことが問われています。

当時はまだ、中国の多くの人は、日本に来るほどの経済力はなく、ビザの発給も一部の人に限られ、移動が制限されていました。その一方で日本からは、中国へと生産拠点が移転し、ビジネス客の移動が多かった時期です。「十年一昔」といいますが、一度覚えたことに頼らずに、データは常にアップデートしていくことの大切さを教えてくれる好例でしょう。

解答では、日本から中国へは、中国への生産拠点の移転が進んだことで、ビジネス関係での訪問が多い一方、中国から日本へは、まだ所得水準が低く、出国する際の規制も多かったことをまとめます。

**解答例**

**⑷日本企業の進出により日本からは商用訪問が多いのに対し、所得水準の低いイは日本への旅行が割高となり、規制も厳しいため。（58字）**

## 最強国への挑戦と課題

### 10秒でつかむ！「中国」のツボ

すこしでも目を離していると、まったく違う顔を見せるのがこの国です。その変化は、「十年一昔」どころか、「三年一昔」の勢いです。人口大国が、アメリカと並ぶほんとうの大国として動き出しています。

# アメリカと対峙する大国

## 世界第2位の経済大国

中国が経済規模で日本を上回り、世界第2位の経済大国になったのは2010年のことです。国際社会での存在感の拡大はすさまじいものがあります。

中国のニュースで、毎年驚かされるのは、アリババが**「独身の日」**といわれる11月11日に仕掛ける世界最大の買い物デーです。2019年には、2,680億元（約4兆1,000億円、384億ドル）を売り上げ、毎年その記録を更新しています。まさに中国の人々の購買意欲の高さが現れる瞬間です。

14億の人口を抱える世界最大の人口大国でもある中国は、巨大市場です。足らないものを輸入するとなったら、その規模も桁違いです（75ページ参照）。

中国の経済発展が加速するのは、今世紀に入ってからですが、そのきっかけの1つにWTO加盟があります。

WTOに加盟した2001年には、世界経済に占める中国のGDPの割合は4%でした。その後**「世界の工場」**となることで急速に経済規模を拡大し、2018年には16%を占めるまでになりました。ちなみにアメリカ合衆国は一貫して1位ですが、この間の世界経済に占める割合は、31%から24%へと低下しています。

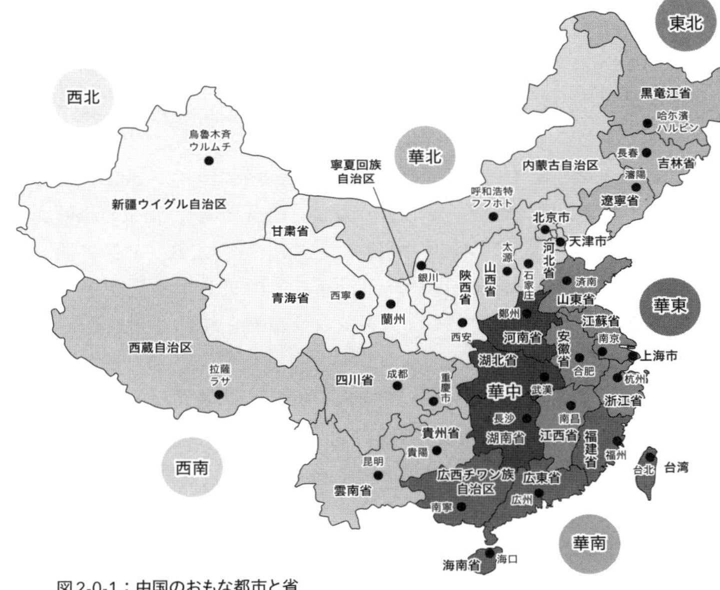


図2-0-1：中国のおもな都市と省

http://www.allchinainfo.com/map/asia-china/chinadist_city

米中の差が近年縮まっていることでアメリカも警戒を強め、中国からの工業製品に高い関税をかけたり貿易を規制・禁止するなど、**米中貿易摩擦**が世界に多大な影響を及ぼしています。

世界最大の貿易黒字国と貿易赤字国の組合せですから、こうした摩擦は起こるべくして起こっているともいえます。

コンテナ取扱量を通して、中国の工業化を確認しましょう[1)~3)]。

## 「一帯一路」、AIIB、SCOとBRICS

2013年に習近平国家主席が発表した、**一帯一路**（OBOR：One Belt, One Road）は有名です。中国から中央アジア、ヨーロッパを陸路で結ぶ「一帯（シルクロード経済ベルト）」と、中国から東南アジア、インド、アフリカ、中東、ヨーロッパを海路で結ぶ「一路（21世紀海上シルクロード）」により、緩やかな経済協力関係を築こうとするものです。

一帯一路とほぼセットで2015年に設立されたのが、**AIIB（アジアインフラ投資銀行**：Asian Infrastructure Investment Bank）ですね。AIIBは、アメリカや日本が主導する**ADB（アジア開発銀行**：Asian Development Bank）に対抗して中国主導で設立されたといわれ、アジアのインフラ整備を進めていますが、一帯一路のルートと重なります。

AIIBにイギリスやフランス、ドイツ、イタリアなどヨーロッパの国も参加を表明しているのは、物流の結びつきが強まっていることも背景にあるでしょう。

東大では中国のアフリカ進出について出題されました。

一帯一路やAIIBは、かなり知られていると思いますが、SCOはご存知でしょうか？　**SCO**は、2001年に設立された**The Shanghai cooperation organization（上海協力機構）**のことです。ユーラシア地域の安全保障など地域の安定を目的に創設され、近年では経済や文化交流など広い分野で話し合いが行われている国家群です。一橋大学では、2009年にSCOについて出題されました（東大ではまだありませんが…）。

中国とロシアのほか、中央アジアのカザフスタンなどを原加盟国とし、2017年にはインドとパキスタンも正式な加盟国となりました。そのほか、イランやモンゴルなど4か国がオブザーバーの資格を持ち、カフカス諸国やトルコなど6か国が対話パートナーとなっています。

加盟国を見て、驚きませんか？

中国、ロシア、インド、パキスタンなどが加盟する**SCOは、面積ではユーラシア大陸の5分の3を占め、人口では世界人口の半分近くを占めるスケールの大きさです。**

もう一つ付け加えましょう。**BRICS**の5か国も、定期的に首脳会議を開いています。2019年にブラジルの首都ブラジリアで行われた首脳会議でロシアのプーチン大統領が、「昨今の世界経済の減速は、経済制裁や保護主義的措置など不公正な貿易措置によるもの」と指摘しましたが、「自国第一主義」を掲げる国が念頭にあるのは明らかでしょう。

ちなみに、2020年の首脳会議は、ロシアのサンクトペテルブルクで行われる予定ですが、SCOの首脳会議も同時に行われることが決まっています。

もともとBRICS（かつてはBRICsです）は、2003年にゴールドマンサックスが、有望な投資先として紹介したことが始まりだったはずです。アメリカの証券会社が名付けた名称の頭文字の国々が、その後集まって実態をともない、多極化する世界の勢力の一つになるというのは興味深いです[4)~6)]。

## GAFAMとBATH

**GAFAM**（ガファム）といえば、アメリカ合衆国の**Google、Apple、Facebook、Amazon、Microsoft**という5つのIT企業の頭文字を取ったものです。それに対して、中国には**BATH**（バス）がいます。

①**Baidu**（**百度**、バイドゥ：中国最大の検索エンジンを提供）
②**Alibaba**（**阿里巴巴集団**、アリババ：オンラインマーケット）
③**Tencent**（**騰訊**、テンセント：SNSやインスタントメッセ

ンジャー）
④**Huawei（華為技術**、ファーウェイ：スマホなどの通信機器）の、4つの頭文字を取ったものです。

習近平国家主席が2015年に発表した**「中国製造2025」**という産業政策を聞いたことがある方もいらっしゃるでしょう。

次世代情報技術や新エネルギー車など10の重点分野で製造業の高度化を目指し、2025年までに「世界の製造強国の仲間入り」を目標としています。

その先には、現在の中国建国100年となる2049年までに「世界の製造強国の先頭グループ入り」という目標があります。

こうしたハイテク産業を国内で育成するために、国外に留学した学生に帰国を促し、起業を支援しています。帰国してくる学生は**「海亀（ハイグイ）」**といわれ重宝され、**「STEM人材」**といわれるScience（科学）、Technology（技術）、Engineering（工学）、Mathematics（数学）を学ぶ学生は、最初からかなりの高給で迎えられるそうです。

もちろん、こうした先端産業を学んだ学生が、中国へと還流していくことは技術流出につながりかねないので、アメリカとしては面白くないでしょう。

前の章でも見た**5G**（第5世代移動通信システム）は、安全保障の面でも重要ですし、当面は両国の**「ハイテク戦争」**は続くのではないでしょうか。

## 頭打ちとなった生産年齢人口

中国の人口や民族構成に目を向けてみましょう。約14億人の人口を抱える中国は、92%の漢民族と55の少数民族からなる多民族国家でもあります。

人口抑制策の一人っ子政策が1970年代末から行われてきましたが、2015年に廃止されました。その背景には、労働力不足と将来の急速な高齢化があります。

図2-0-2は、中国の100年間の3年齢階層別推移を示したものですが（中国4000年の歴史から見たら短いものですが）、15〜64歳の生産年齢人口といわれる年齢層が、2015年くらいから頭打ちになっているのが読み取れます。

中国というと、安価で豊富な労働力が得られる、というイメージを持ちがちですが、もうそういう時代ではないのかもしれません。こうした人口構成の変化を見ると、2010年代に入って、別のステージに入ったと言っていいでしょう。

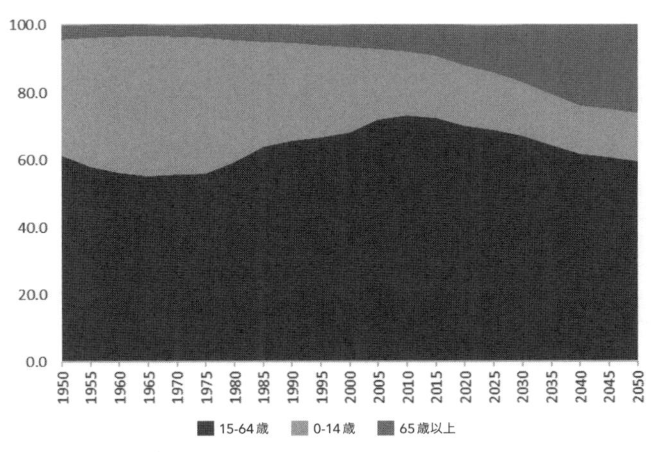


図2-0-2：中国の3年齢階層別推移 UN PopulationProspects 2019により作成。

# 怒濤のアフリカ進出

最初に見ていく地域は、やっぱり中国でしょう。なんといっても世界第2の経済大国で、まだまだこれから存在感を増していく国です。

とはいえ、問題を見たら驚かれるかもしれません。中国を中心に扱ったものではなく、アフリカから見た中国だからです。

それだけ、中国の存在感が大きくなっているということでしょう。

## Q 2015年 第1問 設問A(4)

表2－1は、アフリカの3つの国を取り上げ、主要貿易相手国(輸出額・輸入額の上位5カ国)を示したものである。

(4) A～Cの各国とも、輸入相手国の上位に中国が位置している。2000年代に入って、とくにアフリカ諸国では、中国からの輸入が急増している。こうした事態が生じている背景を2行以内で述べなさい。

表2－1

A国

| 相手国 | 輸出額 | 割合(%) |
|---|---|---|
| 全体 | 21,417 | 100.0 |
| フランス | 4,619 | 21.6 |
| スペイン | 3,541 | 16.5 |
| ブラジル | 1,266 | 5.9 |
| インド | 1,161 | 5.4 |
| アメリカ合衆国 | 930 | 4.3 |

B国

| 相手国 | 輸出額 | 割合(%) |
|---|---|---|
| 全体 | 86,712 | 100.0 |
| 中国 | 10,139 | 11.7 |
| アメリカ合衆国 | 7,586 | 8.7 |
| 日本 | 5,414 | 6.2 |
| ドイツ | 4,175 | 4.8 |
| インド | 3,675 | 4.2 |

| 相手国 | 輸入額 | 割合(%) |
|---|---|---|
| 全体 | 44,790 | 100.0 |
| スペイン | 5,901 | 13.2 |
| フランス | 5,548 | 12.4 |
| 中国 | 2,968 | 6.6 |
| アメリカ合衆国 | 2,859 | 6.4 |
| サウジアラビア | 2,832 | 6.3 |

| 相手国 | 輸入額 | 割合(%) |
|---|---|---|
| 全体 | 101,611 | 100.0 |
| 中国 | 14,638 | 14.4 |
| ドイツ | 10,237 | 10.1 |
| サウジアラビア | 7,877 | 7.8 |
| アメリカ合衆国 | 7,497 | 7.4 |
| 日本 | 4,623 | 4.5 |

**C国**

| 相手国 | 輸出額 | 割合(%) |
|---|---|---|
| 全体 | 143,151 | 100.0 |
| アメリカ合衆国 | 24,139 | 16.9 |
| インド | 15,895 | 11.1 |
| ブラジル | 10,791 | 7.5 |
| オランダ | 9,958 | 7.0 |
| イギリス | 9,042 | 6.3 |

| 相手国 | 輸入額 | 割合(%) |
|---|---|---|
| 全体 | 35,873 | 100.0 |
| 中国 | 7,715 | 21.5 |
| アメリカ合衆国 | 4,887 | 13.6 |
| インド | 2,888 | 8.1 |
| ブラジル | 2,868 | 8.0 |
| イギリス | 2,361 | 6.6 |

2012年。輸出額・輸入額の単位は100万米ドル。
フランスには、モナコ・海外県を含む。
アメリカ合衆国には、プエルトリコ、米領バージン諸島を含む。
国際連合Comtrade Databaseによる。

## 中国とアフリカ、双方の思惑

問われているのは、2000年代以降、アフリカ諸国で中国からの輸入が急増している背景です。

一帯一路のことをすでに書いたので、想像できるかと思いますが、中国はアフリカとの関係を近年、急速に強めています。

中国は、2000年から3年ごとに開催される「中国・アフリカ協力フォーラム」で多額の援助や支援を表明するなど、経済的な結びつきを強めてきました。

直近の2018年に開催された「中国アフリカ協力フォーラム（FOCAC：Forum of China-Africa Cooperation）北京サミット」では、600億ドル（約６兆６千億円）の経済協力を行うと表明しました。

こうした援助や支援を通して、アフリカは中国の重要な資源輸入先となっていきます。ちなみに、中国は、先進国で構成されるOECD（経済協力開発機構）には加盟していないので、DAC（開発援助委員会）によるODA（政府開発援助）には該当しません。

次の図2-1-1は、アメリカ合衆国の会計検査院がサブサハラ（中南アフリカ）との経済的なつながりを、アメリカ合衆国と中国で比較したレポートの一部で、サブサハラ地域からの輸出入額の規模を示したものです（アフリカの地図なのに、中国の話というのは、ちょっと意表を突かれるかもしれません）。

少しデータは古いですが、まずアフリカ諸国からの輸入についてみてみると、10億ドルを超える輸入をした国は、アメリカ合衆国が8か国、中国は9か国と、ほぼ同数で、中国のアフリカでの存在感が強まっていることがわかります。ともに多かったのは、ナイジェリアやアンゴラ、南アフリカ共和国、コンゴ民主共和国など資源産出国です。

鉄鉱石、銅鉱石などの鉱産資源を大量に輸入している国なのは周知の事実ですが、サブサハラ地域からは、アメリカ同様、原油を主に輸入しています。なかでもアンゴラは、中国にとってロシア、サウジアラビアに次ぐ原油輸入先となっています（2018年）。

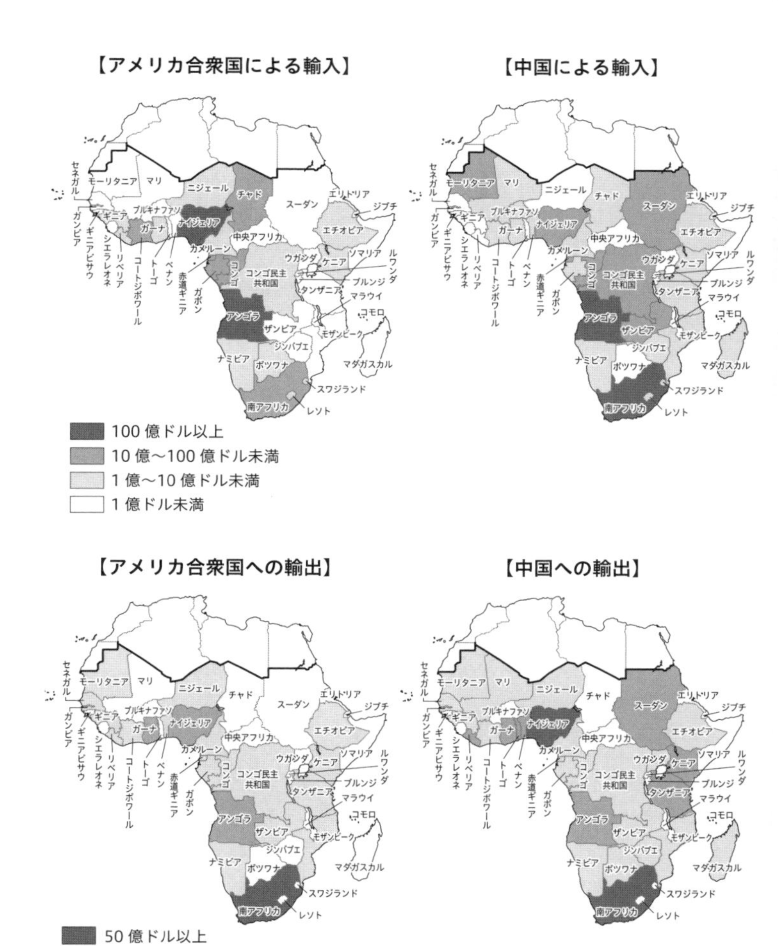


図2-1-1：中国とアメリカのサブサハラ地域との貿易

統計年次は2011年。GAO：SUB-SAHARAN AFRICA Trends in U.S. and Chinese Economic Engagementによる。
南スーダン・エスワティニはまだ独立していない時点でのもの。

アフリカにとっても、中国とのつながりは都合がよいものです。世界で最も貧しい大陸といわれながら、なかなか国際社会による援助や支援が進みませんでした。

その一因は、援助や支援の見返りとして、欧米諸国はIMFなどの国際機関を通して、「民主化」や「国内での公平な富の分配」などの「注文」をつけてきたことも一因です。

アフリカでは、軍事政権や独裁などが珍しくありません。こうした欧米の価値観からすれば改善を促すべきところを、中国は「内政不干渉」という立場に立って、主権国家として付き合うことで、為政者は利益を得ることができます。

中国にもアフリカにも、どちらにも都合がいいわけです。

再度、図2-1-1で、今度は輸出額を見てみましょう。

米中両国が10億ドルを超える輸出をした国は、アメリカ合衆国では4か国に対して、中国は10か国にのぼります。中国にとって、アフリカは重要な輸出先にもなっています。

中国にとって、アフリカからほしいものは資源でしたが、アフリカに売りたいものは何でしょうか。

もちろん工業製品です。中国の工業製品は、日本やアメリカ合衆国の工業製品に比べて、性能は劣るかもしれませんが、価格は安いはずです。

まだ所得水準の低いアフリカ諸国にとって、4Kテレビやスマート家電などのハイスペックな工業製品を購入する層が少ないことはすぐに想像できます。アフリカの人々にとっては、そもそもテレビや冷蔵庫、洗濯機などの白物家電がない家庭の方が多いでしょう。

最近では、中国製のスマートフォンも急速に普及し、アフリカの人たちの生活を一変させています。

## ブラックダイヤモンド

アフリカは、人口が最も急増している地域です(表2-1-2参照)。特にサブサハラ地域は、2050年には世界の人口の5分の1に相当する人口が居住すると推定されています。

アフリカ最大の人口大国ナイジェリアは、JETROのレポートでは「老いない国」と紹介され、消費市場の拡大が見込まれています。

(単位:千人・%)

| | 1960年 | 1990年 | 2020年 | 2050年 |
|---|---|---|---|---|
| アジア | 1,705,041 | 3,226,099 | 4,641,055 | 5,290,263 |
| | 56.2% | 60.6% | 59.5% | 54.3% |
| アフリカ | 283,361 | 630,350 | 1,340,598 | 2,489,275 |
| | 9.3% | 11.8% | 17.2% | 25.6% |
| うちサブサハラ地域 | 220,138 | 490,605 | 1,094,366 | 2,117,731 |
| | 7.3% | 9.2% | 14.0% | 21.8% |
| ヨーロッパ | 605,407 | 720,858 | 747,636 | 710,486 |
| | 19.9% | 13.5% | 9.6% | 7.3% |
| 中南アメリカ | 220,470 | 442,840 | 653,962 | 762,432 |
| | 7.3% | 8.3% | 8.4% | 7.8% |
| 北アメリカ | 204,649 | 279,785 | 368,870 | 425,200 |
| | 6.7% | 5.3% | 4.7% | 4.4% |
| オセアニア | 16,022 | 27,299 | 42,678 | 57,376 |
| | 0.5% | 0.5% | 0.5% | 0.6% |
| 世界計 | 3,034,950 | 5,327,231 | 7,794,799 | 9,735,034 |

表2-1-2:世界の地域別人口と世界に占める割合の推移

UN PopulationProspects 2019により作成。

そんなアフリカでは、新中間層といわれる人たちも増えています。ILOでは、サブサハラ地域の新中間層は1日の消費額4〜13ドル、上位中間層（同13ドル以上）は、2015年時点で約25%を占めるといわれています。

こうした新中間層は、有望な市場として**「ブラックダイヤモンド」**といわれます。アフリカでは、まだまだ貧困から抜け出せない状況はありますが、徐々に状況は変わっているといえるでしょう[7)8)]。

詳細は、「Part6 SDGsと人類の未来」をご覧ください。

中国に話を戻すと、中国がアフリカにさまざまな形で援助をすることで、アフリカの経済発展を後押しし、増加する新中間層を自国の工業製品の市場とする、という構図が見えてきます。

解答では、中国の安価な工業製品の輸出が多いことを結論とし、その背景として、人口増加や経済発展による市場の拡大や、援助や支援、資源の重要な輸入先として経済的な影響力を強化していることを挙げておきます。

**解答例**

**⑷人口増加などによる市場の拡大と、貿易を通した経済的影響力の強化を期待して、中国が安価な工業製品の輸出を増やしたため。（58字）**

# 上海、深圳……
# コンテナ取扱量の急増

次に、中国本土をみていきたいと思います。

中国は、「世界の工場」といわれ、世界最大の工業国となりました。世界最大の貿易黒字国でもあり、しばしば貿易摩擦も招いています。

こうした工業製品は、どこから輸出されているのでしょうか？
ここでは、工業製品が詰め込まれたコンテナ取扱量についてみていこうと思います。

## Q 2018年 第2問 設問A(1)

(1) 表2－1は、2000年と2014年のいずれかで、コンテナ取扱量が世界第5位までの港湾について、両年次の世界順位と2014年のコンテナ取扱量を示している。この表を見ると、2000年に世界1位であった香港は、2014年には4位になったのに対し、2000年に2位であったシンガポールは2014年でも2位と順位を保っている。両港でこのような違いが生じた理由として考えられることを、下記の語句をすべて用いて、2行以内で述べなさい。語句は繰り返し用いてもよいが、使用した箇所には下線を引くこと。

製品　　中継　　経済発展

表2－1

| 2014年世界順位 | 2000年世界順位 | 港湾名 | 2014年取扱量（千 TEU） |
|---|---|---|---|
| 1 | 6 | 上海 | 35,285 |
| 2 | 2 | シンガポール | 33,869 |
| 3 | 11 | 深圳 | 24,037 |
| 4 | 1 | 香港 | 22,283 |
| 5 | — | 寧波 | 19,430 |
| 6 | 3 | 釜山 | 18,678 |
| 11 | 5 | ロッテルダム | 12,297 |
| 13 | 4 | 高雄 | 10,590 |

TEUは20フィートコンテナ換算の個数。
「—」はデータなし。
国土交通省『海事レポート』各年版による。

## 中継貿易のハブ港湾・シンガポール

問われているのは、香港とシンガポールのコンテナ取扱量で順位が変動した理由です。具体的には、香港が順位を下げたのに対して、シンガポールが2位を保った違いについて問われています。

まずは、シンガポールについてみていきましょう。

シンガポールは、マラッカ海峡に位置する自由貿易港として発展した都市国家で、アジアNIEsの1つですね。今では金融や観光に力を入れ、日本よりも所得水準が高い国となっています。

次の章で確認しますが、**シンガポールは、ASEANで進展する国際分業の核となっている国です。**

ASEANは、1993年にAFTA（ASEAN自由貿易地域）、2015年にAEC（ASEAN経済共同体）を発足させ、経済的な結びつきを強めています。

ASEANの域内分業の特徴は、東アジアも含めて、所得や技術の格差を背景に、最適立地を求めて分業していくやり方です。ハブ空港やハブ港湾が整備され、中継貿易の中心となっているシンガポールは、ほぼASEANの中央部に位置し、その分業の司令塔の役割を果たしています。

## コンテナ取扱量の世界的な増加

香港についてみてみましょう。

表2-2-1は2000年と2010年のコンテナ取扱量上位10港湾を示したものです。香港は順位こそ下げていますが、コンテナ取扱量は減少していないことがわかります。

| | 2000 | | 2010 | |
|---|---|---|---|---|
| | 港湾 | 千TEU | 港湾 | 千TEU |
| 1 | 香港 | 18,100 | 上海 | 29,069 |
| 2 | シンガポール | 17,040 | シンガポール | 28,431 |
| 3 | 釜山 | 7,540 | 香港 | 23,699 |
| 4 | 高雄 | 7,426 | 深圳 | 22,510 |
| 5 | ロッテルダム | 6,280 | 釜山 | 14,194 |
| 6 | 上海 | 5,613 | 寧波 | 13,144 |
| 7 | ロサンゼルス | 4,879 | 広州 | 12,550 |
| 8 | ロングビーチ | 4,601 | 青島 | 12,012 |
| 9 | ハンブルク | 4,248 | ドバイ | 11,600 |
| 10 | アントワープ | 4,082 | ロッテルダム | 11,146 |

表2-2-1：世界のコンテナ取扱量上位10港

https://www.phaj.or.jp/distribution/data/world_20th.pdf

ほかのところが香港以上に伸びたために、香港の順位が相対的に下がった、ということです。表には現れていませんが、こういうところは気づきたいものです（政府や日銀が行う公式発表の文章表現に敏感になるのと似てます…）。

2000年から2014年にかけて起こったことを振り返ってみると、中国は2001年にWTOに加盟し、2008年に北京オリンピックを開催したように、経済発展を続け、世界第2の経済大国になっていく過渡期でした。

香港よりも順位が高くなったのは、シンガポール以外だと、上海と深圳、つまりどちらも中国の港湾です。

結局、中国のほかの港湾でのコンテナ取扱量が急増し、香港の順位が低下した、ということです。

## 上海と深圳の大変貌

それでは香港を抜いた上海と深圳はどのようなところでしょうか？

上海　http://www.okiu.ac.jp/gaiyou/gakuhou/gakuho87/04.html

上海は、あまり説明の必要はないかと思いますが、中国の経済の中心地です。

上海では、1990年代から長江河口部の浦東（プートン）地区の開発が進みました。上海といえば、テレビ塔がそびえる写真を見たことがあるでしょう。この写真に写る浦東地区は、上海新都心として知られる上海最大のビジネスセンターであり、国際空港もあり、2010年に上海万博が行われたところでもあります。

広東省の深圳は、香港と隣接する経済特区の1つです。(「しんせん」と読みますが、受験地理では「シェンチェン」と覚えます)。

改革開放政策の象徴ともいえる経済特区に指定されたことによって大変貌を遂げ、現在では、**「中国のシリコンバレー」**ともいわれるハイテク都市です。

深圳

https://www.huffingtonpost.jp/entry/shenzhen-greaterbayarea_jp_5d47e784e4b0ca604e34b07f

HUAWEI（通信機器）、テンセント（SNS）、ZTE（通信機器）、DJI（ドローン）などのハイテク企業が本社を構え、台湾のフォックスコン（鴻海・ホンハイ）が工場を立地させています。そのほか、バイオ関連でも研究機関が集積し、**中国の先端産業の実験場のような役割を果たしています。**

2017年には、香港、マカオと、中国の広東省の3地域を統合して、世界有数のベイエリアとして発展させる「粤港澳大湾区（えつこうおうだいわんく）/ グレーターベイエリア構想」が発表され、深圳はその核の1つとなっています。東京、ニューヨーク、サンフランシスコに匹敵するベイエリアを創出することを計画しています（写真を見る限り、もうそれは達成しているようにみえますが…）。

上海も深圳も、これからさらに存在感を増していくことでしょう。

解答では、シンガポールがASEANでの域内分業の進展によって中継貿易の拠点としての地位を保ったのに対して、香港は国内の他都市で工業化が進むことで、順位が下がったことをまとめます。

**解答例**

**(1)シンガポールは周辺地域の発達に伴う域内分業の中継地だが、香港は経済発展が著しい国内他都市の工業製品の輸出が増えたため。(59字)**

# 世界の工場から「世界の市場」へ

中国といえば、「世界の工場」だけでなく、14億人という人口規模と経済成長によって**「世界の市場」**でもあることは、周知の事実です。ここでは、世界の市場としての中国についてみていきましょう。

**2012年 第2問 設問B(1)**

中国の2008年の農産物(加工品も含む)の輸入額は801億米ドル、輸出額は359億米ドルである(FAO資料による。なお中国には台湾を含む。ホンコン、マカオは含まない)。

(1) 中国の輸入額上位の農産物には大豆などのほか、パーム油(ヤシ油)、大豆油が含まれる。これら油脂類が大量に輸入されている背景を、2行以内で述べなさい。

## 世界の大豆輸入の6割

問われているのは、中国で油脂類(パーム油、大豆油)が大量に輸入されている背景です。問題自体は難しくありません。

解答にはすぐにたどり着けますが、その前に表2-3-1で大豆、大豆油、パーム油が、実際にどれだけ中国に輸入されているのかをみてみましょう。

| 大豆 | | | 大豆油 | | | パーム油 | | |
|---|---|---|---|---|---|---|---|---|
| 国名 | 輸入額 | % | 国名 | 輸入額 | % | 国名 | 輸入額 | % |
| 中国 | 380,094 | 61.5 | 中国 | 12,708 | 12.0 | インド | 69,593 | 17.8 |
| ドイツ | 20,998 | 3.4 | インド | 11,918 | 11.2 | 中国 | 49,037 | 12.5 |
| メキシコ | 20,671 | 3.3 | イラン | 8,200 | 7.7 | オランダ | 25,427 | 6.5 |
| スペイン | 19,190 | 3.1 | アルジェリア | 6,628 | 6.3 | パキスタン | 18,424 | 4.7 |
| オランダ | 19,093 | 3.1 | ベネズエラ | 4,555 | 4.3 | ナイジェリア | 15,000 | 3.8 |
| 日本 | 18,849 | 3.0 | ペルー | 3,916 | 3.7 | ドイツ | 13,931 | 3.6 |
| 世界計 | 618,366 | 100.0 | 世界計 | 105,944 | 100.0 | 世界計 | 391,607 | 100.0 |

**表2-3-1：大豆などの輸入上位国**

統計年次は2013年、輸入額の単位は百万ドル。FAOSTATにより作成。

世界の大豆輸入量のうち、中国は6割を占めています。あえてデータで確認するとその多さはすさまじいものがあります。

そのほかの大豆油、パーム油などの油脂類も、輸入の上位となっています。油脂類の用途として、調理用の料理油のほか、シャンプーや洗剤の原料があります。

所得水準が上昇することで、生活水準も向上しますが、イメージしやすいのは、テレビや冷蔵庫などの白物家電や、自動車などの普及でしょう。地味に思えるかもしれませんが、油脂の消費量も増加します。

解答では、経済発展による生活水準の向上によって、調理用や洗剤などの工業製品に用いる油脂の需要が増加したことをまとめます。油脂類に限定して問われているので、その用途も忘れずに書いておきたいです。

**解答例**

**(1)生活水準の向上や食生活の変化によって食品加工用や洗剤など油脂類を原料とする製品の国内での生産量が増加したため。(55字)**

# 排他的経済水域と覇権

中国は、世界で4番目に大きな国（960万㎢）ですが、海洋について目を向けてみると、それほど恵まれているとはいえません。

ここでは、少し「海洋」に踏み込んでみましょう。地球の表面の約7割を占める海洋ですが、魚をとる漁場というよりも、現在では、原油や天然ガスをはじめとする資源を開発する場所としての海洋の方が、注目されているのではないでしょうか。

2008年に排他的経済水域の拡大について出題された問題をみていきましょう。これも、一般的な問題に見えますが、新興国の中国など、具体例を考えることで、解答へとたどりつくことができます。

## 2008年 第1問 設問B

海域に関する次の文章を読んで、以下の小問に答えなさい。

海洋は地球表面の７割を占めるが、漁獲が盛んに行われる場所は全海洋の１割程度に過ぎない。漁獲対象種が多く、漁獲量も大きい水域の大部分は、水深200mまでの沿岸海域である。沿岸海域は陸から栄養物質が供給されるために、植物プランクトンによる有機物生産が盛んで、魚の餌が豊富に供給される。また、海流が会合する場所は、湧昇流によって深部から栄養分が供給されることで高い生物生産が維持され、よい漁場となる。暖流である[ア]と寒流である[イ]が会合する三陸沖がその例である。水深200m以浅は、地形的には[ウ]に相当する。[ウ]は平坦で緩傾斜な浅海底で、その沖合の、より急傾斜な斜面とは傾斜変換線により区別される。「海洋法に関する国際連合条約」では沿岸から200海里（約370km）までを[エ]としている。日本の国土は約38万㎢だが、領海（沿岸から12海里以内）と[エ]を合わせた水域面積は約447万㎢で世界第6位である。

最近の基準では[ウ]の縁辺部が200海里以上であることを地形・地質的に裏付けることができれば、最大350海里か、2500m等深線から100海里のいずれか遠い方までを[エ]と同等とすることができるようになった。

(1) ア～エにあてはまる適当な語句を、ア―○のように答えなさい。

(2) 下線部について、なぜ、地形・地質的な裏付けがあれば、エを広げることができるようにしたのか、考えられる理由を、エに関する権利について触れながら、3行以内で述べなさい。

## 日本は好漁場に恵まれている

(1)では「一般常識」といえる単答記述式の問題が問われているので、手短に終わらせましょう。

日本列島の太平洋側を流れる暖流は日本海流（黒潮）、寒流は千島海流（親潮）です（図2-4-1参照）。

海だからといって、どこに網を投げても魚がとれるわけでは

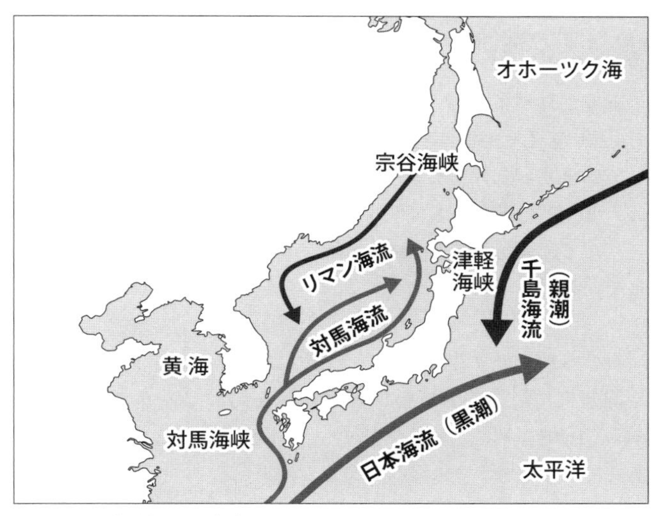


図2-4-1：日本列島周辺の海流　http://www.nihonkaigaku.org/kids/secret/ocean.html

ありません。問題文にもあるとおり、暖流と寒流がぶつかり合う潮目（潮境）は、深いところからプランクトンの餌となる栄養塩類が巻き上げられることで、好漁場となります。三陸沖～銚子沖にかけては、こうした潮目が形成されることで、さまざまな魚種に恵まれます。

水深200mよりも浅い海域は、一般に大陸棚といわれます。大陸に近い大陸棚は、河川から流れ込む栄養分も豊富で、太陽の光も海底近くまで届き、プランクトンの発生には好都合です。

日本は、昔から世界的な漁業国でしたが、こうした豊かな海に恵まれていたのです。

## 日本の排他的経済水域は世界6位

国連海洋法条約（海洋法に関する国際連合条約）では、領海を12海里（1海里は1,852m）、排他的経済水域を200海里としています。沿岸国に漁業資源や海底資源の主権的な権利を認め、優先的な開発が認められている海域です。

ただし、国連海洋法条約では、海洋環境の保護や保全も含まれています。

次の論述問題に進むために、少し話を広げてみましょう。

問題文に、領海と排他的経済水域を合わせた水域面積が約447万㎢で世界6位とありますが、日本の面積と比べたことはあるでしょうか。

図2-4-2は、日本の領海と排他的経済水域を示したもので、かなり広い海域が広がっていることが読み取れます。

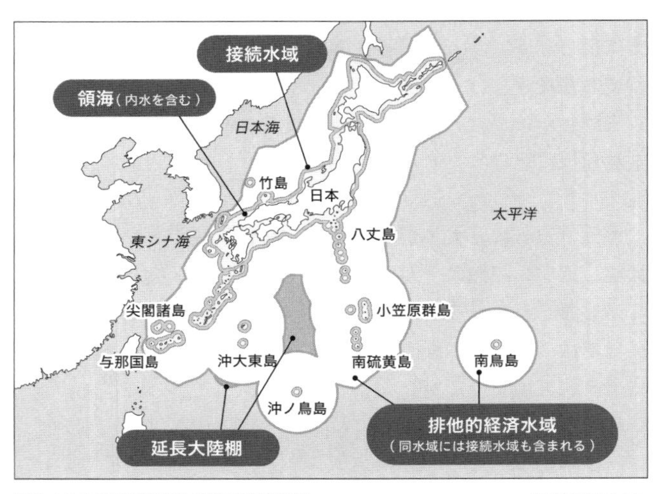


図2-4-2：日本の領海と排他的経済水域　　海上保安庁HPより。

**日本の面積は約38万㎢ですから、実は国土面積（領土）の12倍弱の水域を抱えている**ことになります。

最南端の沖ノ鳥島や最東端の南鳥島を囲む排他的経済水域は、ほぼ半径200海里（約370㎞）の円となっていますが、それぞれの円の面積を計算してみると、370㎞×370㎞×3.14≒43万㎢となり、その円1つだけで日本の領土より広くなっています。

最近、海底資源の**メタンハイドレート**や**レアメタル**の採掘調査が進んでいますが、こうした海域を十分に利用でき、採掘技術が（コストも含めて）実用化されれば、日本の資源の自給率は現在と違ったものになるかもしれません。

**解答**

**⑴(ア)―日本海流(黒潮)（イ)―千島海流(親潮)（ウ)―大陸棚（エ)―排他的経済水域**

## 広がる排他的経済水域

⑵で問われているのは、「地形・地質的な裏付けがあれば、排他的経済水域を広げることができるようになった理由として考えられること」です。

「考えられること」というのがまた東大らしいところです。問題文にある「最近の基準」まで学習し、それを理解している受験生が普通に考えたらいるわけがありません（よほどの地政学マニアなら別ですが…）。

この問題では、本来学習している「200海里」という基準を超えてまで、どうして排他的経済水域を認めるようになったのか、受験生がバックグラウンドとして知っている国際情勢などを照らし合わせながら、理由を論理的思考にもとづいて考えなさい、と問われていると解釈すべきでしょう。

「具体的事例」と「抽象化された一般的なこと」を往復させながら、解答の着地点を探すことになりますが、なかなか難しい作業です。いわゆる、「言われたらわかるけれど、自力ではたどり着けない」という問題の典型です。

排他的経済水域の定義は、先ほどの(1)で確認しました。「200海里を超えた大陸棚」についてみてみましょう。

次の図2-4-3は、海上保安庁のHPにある領海と排他的経済水域を示した模式図です。この図のなかの200海里から外側に

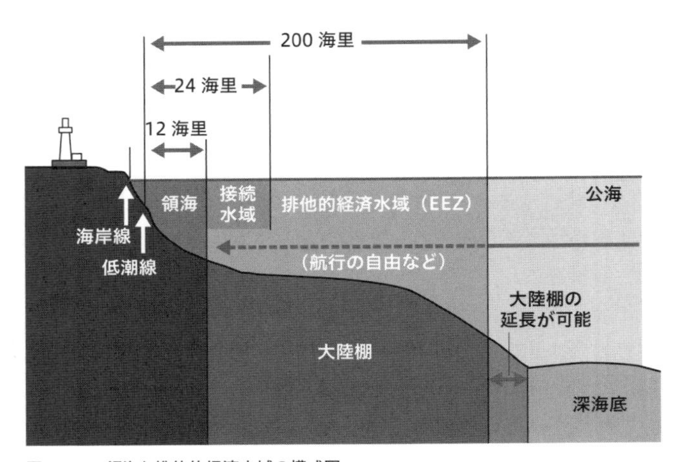


図2-4-3：領海と排他的経済水域の模式図

あたる「大陸棚の延長が可能」とある部分が、その場所に該当します。

こうした大陸棚をめぐる議論が起こってきた背景には、(1)の最後のところでもみた、資源開発をめぐる変化があります。

どの国も、優先的に開発ができる排他的経済水域を拡大したいと考えるのは当然でしょう。経済発展にともない資源の需要が高まる新興国ならばなおさらです。

## 進歩する採掘技術

かつては、海底油田というと水深100〜200mくらいまでしか採掘することはできませんでした。ヨーロッパの北海油田も、水深200m未満の浅い海域にあります。

しかし、近年、採掘技術は進歩しています。

ブラジルが原油の自給を達成し、南米最大の産油国であることをご存じでしょうか？

ブラジルは、リオデジャネイロ沖を中心に深海油田の採掘が活発となり、2000年代に入って原油の自給を達成しました。OPEC加盟国のベネズエラを抜いて、今ではその産出量は南米最大です。

ブラジルの例からもわかるように、海底での資源の埋蔵などを調査する探索技術や採掘技術は着実に進歩しています。

こうした資源の探索・採掘技術が進歩するなかで、沿岸国も「地形・地質的な裏付け」、つまり200海里よりも先に大陸棚が続いていることを証明することで、自国の資源確保を目指す動きが進んでいます。

解答では、まず排他的経済水域の定義をまとめた後で、探索・採掘技術の発達によって深海底での開発が技術的に可能になったことで、各国が権益の確保を目指す動きが起こったことをまとめればよいですね。

## 南沙諸島(スプラトリー諸島)をめぐる対立

一般的な形式で問題は問われましたが、こうした問題が出題される背景には「具体的事例」がいくつかあるからではないでしょうか。

近年、南シナ海の南沙諸島（スプラトリー諸島）では、領有権をめぐって各国の主張が交錯し、中国の海洋進出が活発化し

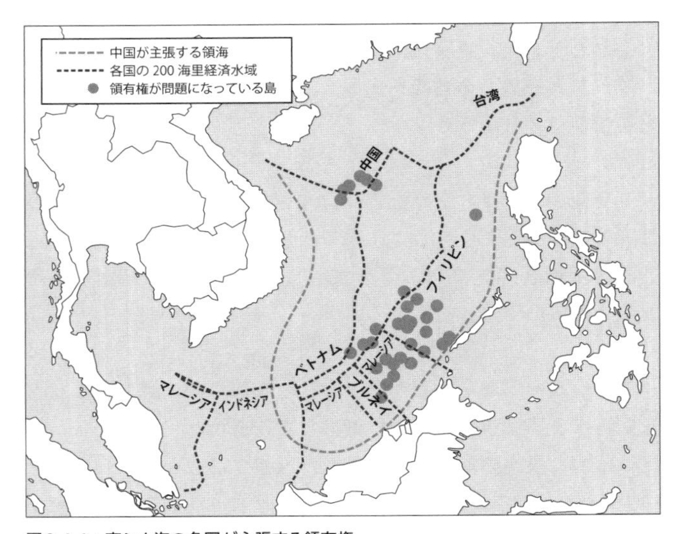


図2-4-4：南シナ海の各国が主張する領有権
（黒い波線が各国の200海里経済水域、グレーの波線が中国が主張する領海）
ja.wikipedia.より。

ていることは、もう誰でも知るところでしょう（中国がベトナムやフィリピン、マレーシアなどが取り囲む南シナ海の領有権を主張しているのは、西沙諸島（パラセル諸島）の領有が前提となっていることがあります）。

南沙諸島のサンゴ礁島（スカーボロ礁など）に中国が港や滑走路を建設するなど、ニュースでも報道されています（中国が南シナ海で領有を主張する海域を**「中国の赤い舌」**などといわれます。

## 中国の意外に小さな排他的経済水域

中国が積極的に海洋進出をしている背景として、海上交通路の確保や南沙諸島での油田開発などが指摘されています。

中国は、日本や台湾に囲まれた東シナ海、フィリピンやマレーシアに囲まれた南シナ海に面してはいますが（こうした大陸と列島や半島に囲まれた海を縁海といいます）、**日本と違って外洋に面していないことで、排他的経済水域が格段に小さい**という現状があります。

すこし古いですが、アメリカ国務省が1972年に出した、200海里経済水域（領海含む）の面積に関するデータを見てみましょう。

旧ソ連など懐かしい国名もありますが、中国の200海里経済水域は、このデータによると国土面積が第4位の国なのに、200海里経済水域の順位は40位です。

現在では、かつてのヨーロッパのように陸地（＝領土）をめぐって国同士が戦争をするというのは、あまり現実的ではありません。

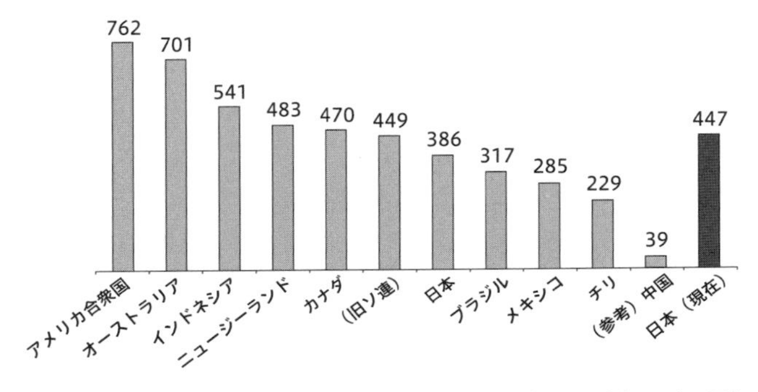


**図2-4-5：200海里経済水域（領海含む）面積上位国（百万㎢；1972年）と日本の現在の排他的経済水域**

アメリカ国務省『Limits in the Seas, Theoretical Areal Allocation of Seabed to Coastal States（1972年）』による。
日本の現在の排他的経済水域は、海上保安庁による。
http://www.state.gov/documents/organization/61533.pdf

その一方で、海洋はまだ開発（開拓？）する余地のある場所として、各国がしのぎを削っているといえるでしょう。

## 北極海も「熱い海」

中国からは離れますが、もう一つ、温暖化の影響で海氷が縮小し、海路としても注目されている北極海についてみてみましょう。

北極圏航路は、海氷の縮小で利用が可能となったことで、アジアとヨーロッパを結ぶ航路として、ロシアをはじめノルウェーやカナダなどの沿岸国によって検討され、実用化が進められています。海賊の出現するソマリア近海や通行料のかかるスエズ運河を経由することなく、時間の短縮にもなる（スエズ運河経由の40日に比べて10日前後早い）といわれています。

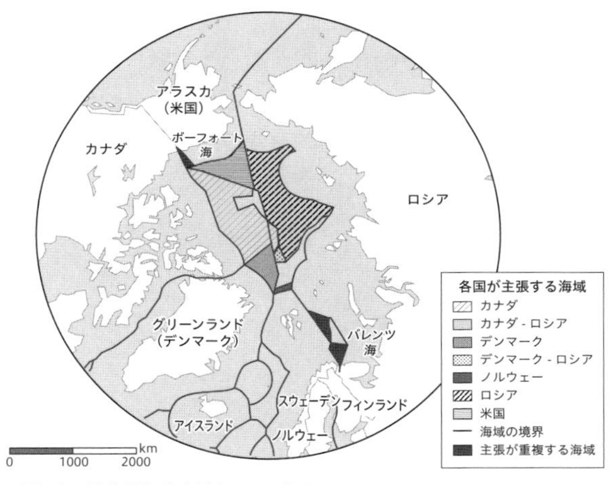


**図2-4-6：北極海の排他的経済水域をめぐる主張**

Arctic Vol.63, No.2(June 2010)より。

海路だけでなく、資源開発でも探索が進み、ロシアのほか、カナダやノルウェー、アメリカ合衆国、デンマーク（グリーンランドを領有）の沿岸国は、大陸棚の延伸部分の申請をすることで、排他的経済水域の拡大を図っています（図2-4-6参照）。図を見てもわかるように、各国の主張は重複もありますし、地形・地質的に同質なのかの審議も含め、まだ確定していない部分があります。

とはいえ、海氷が縮小する北極海は、海路や資源開発など注目される一方で、航路としての利用が環境への悪影響や原油流出などの事故、ホッキョクグマなどの野生動物の生態を脅かすなど、さまざまな問題も懸念されています。

自然環境の保護・保全と、人間による開発のバランスはいつも難しさを感じます。

排他的経済水域の拡大について、南シナ海と北極海の具体的な事例について触れましたが、東大の問題は一般論について書かせるという形になっています。これは、受験生への配慮だけでなく、中立的な立場で問題を作るという作問の姿勢の表れともいえるのではないでしょうか。

**解答例**

**⑵エは天然資源の開発、管理における沿岸国の主権を認める海域であり、近年の資源開発技術の発達にともなって深海底でも採掘が可能となり、沿岸国がより多くの資源確保を目指すようになったため。（90字）**

# アジアのダイナミズム

## 躍動する「世界の成長センター」の今後

### 10秒でつかむ！「アジア」のツボ

中国同様、気がつけば大変貌を遂げているのがこの地域です。ヨーロッパ、北米とともに経済の三極構造の極として存在感を強めるこの地域は、世界の人口の6割を占めます。NIES、ASEAN、インド、中東の産油国、どこも見逃せません。

# 中国以外のアジア ……32億人のエネルギー

もちろん、アジアは中国だけではありません。アジアには47カ国の国連加盟国があり、人口は世界の約6割の46億人が暮らしています（そのうち14億人が中国にいますが…）。

ここでは、そのなかでもアジアNIESやASEANが集まる東アジア・東南アジア、インドを中心とした南アジア、さらにはイランやトルコなど西アジアにも、目を向けてみましょう。

## アジアNIESとASEAN

**アジアNIES**（Newly Industrializing Economies・新興工業経済地域）の韓国、台湾、香港、シンガポールは、1970年代以降、外国資本を積極的に導入して急速な工業化を達成し、高い経済成長率を実現した国・地域です。

シンガポールは、すでに日本の所得水準を上回り、アジアでも最も豊かな国の1つになりました。

香港は、イギリス植民地時代から自由貿易港として栄え、1997年にイギリスから中国に返還され、2019年には民主化運動が起こり、ニュースでも話題になった一国二制度の代表的な地域です。

韓国や台湾は、ハイテク分野では世界でも有数の競争力を持ちます。

アジアNIESで現在、共通して起こっていることは日本以上

（10億ドル）

| | 1995年 | | 2000年 | | 2005年 | | 2010年 | | 2015年 | | 2018年(IMF見込み) | |
|---|---|---|---|---|---|---|---|---|---|---|---|---|
| 1 | アメリカ | 7,640 | アメリカ | 10,252 | アメリカ | 13,037 | アメリカ | 14,992 | アメリカ | 18,219 | アメリカ | 20,494 |
| 2 | 日本 | 5,449 | 日本 | 4,888 | 日本 | 4,755 | 中国 | 6,066 | 中国 | 11,226 | 中国 | 13,407 |
| 3 | ドイツ | 2,594 | ドイツ | 1,955 | ドイツ | 2,866 | 日本 | 5,700 | 日本 | 4,389 | 日本 | 4,972 |
| 4 | フランス | 1,602 | イギリス | 1,651 | イギリス | 2,528 | ドイツ | 3,423 | ドイツ | 3,383 | ドイツ | 4,000 |
| 5 | イギリス | 1,336 | フランス | 1,366 | 中国 | 2,309 | フランス | 2,648 | イギリス | 2,897 | イギリス | 2,829 |
| 6 | イタリア | 1,171 | 中国 | 1,215 | フランス | 2,200 | イギリス | 2,455 | フランス | 2,439 | フランス | 2,775 |
| 7 | ブラジル | 787 | イタリア | 1,145 | イタリア | 1,856 | ブラジル | 2,208 | インド | 2,104 | インド | 2,717 |
| 8 | 中国 | 737 | カナダ | 745 | カナダ | 1,173 | イタリア | 2,129 | イタリア | 1,833 | イタリア | 2,072 |
| 9 | スペイン | 612 | メキシコ | 708 | スペイン | 1,159 | インド | 1,708 | ブラジル | 1,800 | ブラジル | 1,868 |
| 10 | カナダ | 606 | ブラジル | 655 | 韓国 | 898 | ロシア | 1,633 | カナダ | 1,556 | カナダ | 1,711 |
| 11 | 韓国 | 556 | スペイン | 597 | ブラジル | 891 | カナダ | 1,617 | 韓国 | 1,383 | ロシア | 1,631 |
| 12 | オランダ | 453 | 韓国 | 562 | メキシコ | 877 | スペイン | 1,434 | ロシア | 1,364 | 韓国 | 1,619 |
| 13 | 豪州 | 378 | インド | 477 | インド | 834 | 豪州 | 1,252 | 豪州 | 1,235 | スペイン | 1,426 |
| 14 | インド | 367 | オランダ | 418 | ロシア | 818 | 韓国 | 1,094 | スペイン | 1,200 | 豪州 | 1,418 |
| 15 | メキシコ | 360 | 豪州 | 399 | 豪州 | 734 | メキシコ | 1,058 | メキシコ | 1,171 | メキシコ | 1,223 |
| 16 | スイス | 343 | イラン | 366 | オランダ | 686 | オランダ | 848 | インドネシア | 861 | インドネシア | 1,022 |
| 17 | ロシア | 336 | 台湾 | 331 | トルコ | 501 | トルコ | 772 | トルコ | 859 | オランダ | 913 |
| 18 | ベルギー | 290 | アルゼンチン | 308 | スイス | 409 | インドネシア | 755 | オランダ | 766 | サウジアラビア | 782 |
| 19 | アルゼンチン | 280 | ロシア | 278 | スウェーデン | 389 | スイス | 583 | スイス | 680 | トルコ | 766 |
| 20 | 台湾 | 279 | トルコ | 273 | ベルギー | 388 | サウジアラビア | 528 | サウジアラビア | 654 | スイス | 704 |

表3-0-1：主要国の名目GDPランキング

https://www.jri.co.jp/MediaLibrary/file/report/rim/pdf/11268.pdf

の少子化です。

**ASEAN（東南アジア諸国連合）**は、5か国によって1967年に結成され、現在は10か国が加盟する東南アジアの国家群です。2017年で結成50年を迎えたわけです。

1990年代から、域内での自由化を進め、域内分業が活発になることで、経済発展が続いています。最近では中国との結びつきを強めている国も出てきています。

また、中国とインドに挟まれたこの地域は、古くから両者の移民を受け入れて複合社会をつくっています。

**つい太平洋を中心にして東南アジアを眺めてしまいますが、東南アジアはインド洋にも面しています。**今回は、インド洋を中心にして眺めた東南アジアを取り上げます。

アジアNIESとASEANの国・地域は、経済発展著しい地域ですが、それぞれの国や地域を見る際には、**どう中国と差別化を図ってきたのか**、という見方をすると面白いと思います。

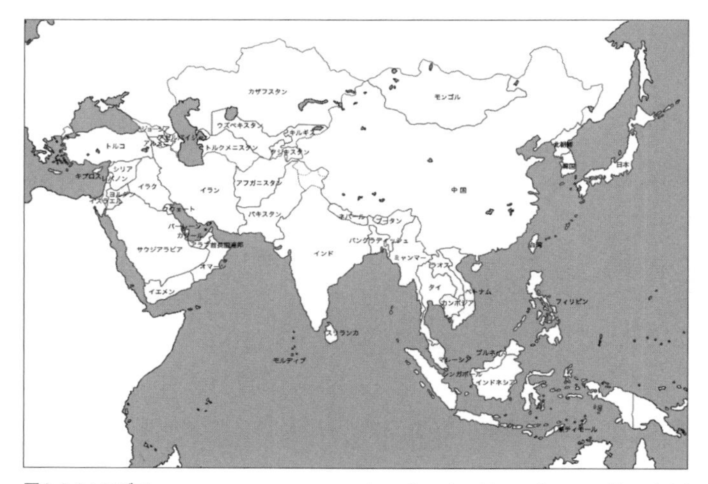


図3-0-2：アジア

https://www.benricho.org/jigsaw_worldmap/asia/

| | 人口<br>(万人) | 面積<br>(万㎢) | 人口密度<br>(人/万㎢) | GNI<br>(億ドル) | 一人当たり<br>GNI(ドル) | 国内総生産<br>成長率(%) |
|---|---|---|---|---|---|---|
| 日本 | 12,477 | 38 | 330 | 48,832 | 38,520 | 0.8 |
| 中国 | 143,378 | 960 | 149 | 120,429 | 8,690 | 6.6 |
| (香港) | 744 | 0.1 | 6,725 | 3,423 | 46,310 | 3.0 |
| (マカオ) | 64 | 0.003 | 21,348 | 449 | 72,050 | 4.7 |
| (台湾) | 2,359 | 3.6 | 652 | 5,844 | 24,984 | 2.6 |
| モンゴル | 323 | 156 | 2 | 101 | 3,270 | 6.9 |
| 韓国 | 5,123 | 10 | 511 | 14,605 | 28,380 | 2.7 |
| 北朝鮮 | 2,567 | 12 | 213 | 174 | 686 | −3.5 |
| 全体 | 167,035 | 1,180 | 142 | 193,857 | 11,606 | |

表3-0-3：東アジア諸国・地域

| | ASEAN加盟年 | 人口（万人） | 面積（万km²） | 人口密度（人/万km²） | GNI（億ドル） | 一人当たりGNI（ドル） | 国内総生産成長率(%) |
|---|---|---|---|---|---|---|---|
| シンガポール | 原加盟 | 580 | 0.07 | 8,072 | 3,060 | 54,530 | 3.2 |
| マレーシア | 原加盟 | 3,195 | 33 | 97 | 3,052 | 9,650 | 4.7 |
| タイ | 原加盟 | 6,963 | 51 | 136 | 4,105 | 5,950 | 4.1 |
| フィリピン | 原加盟 | 10,812 | 30 | 360 | 3,825 | 3,660 | 6.2 |
| インドネシア | 原加盟 | 27,063 | 191 | 142 | 9,334 | 3,540 | 5.2 |
| ブルネイ | 1984年 | 43 | 0.6 | 75 | 127 | 29,600 | －0.2 |
| ベトナム | 1995年 | 9,646 | 33 | 292 | 2,067 | 2,160 | 7.1 |
| ラオス | 1997年 | 717 | 24 | 30 | 156 | 2,270 | 6.5 |
| ミャンマー | 1997年 | 5,405 | 68 | 80 | 647 | 1,210 | 6.7 |
| カンボジア | 1999年 | 1,649 | 18 | 91 | 198 | 1,230 | 7.3 |
| 東ティモール | ― | 132 | 2 | 89 | 26 | 2,060 | －3.5 |
| 全体 | | 66,205 | 450 | 147 | 26,597 | 4,017 | |

表3-0-4：東南アジア諸国

| | 人口（万人） | 面積（万km²） | 人口密度（人/万km²） | GNI（億ドル） | 一人当たりGNI（ドル） | 国内総生産成長率(%) |
|---|---|---|---|---|---|---|
| インド | 136,642 | 329 | 416 | 23,963 | 1,790 | 7.1 |
| パキスタン | 21,657 | 80 | 272 | 3,117 | 1,580 | 5.2 |
| バングラデシュ | 16,305 | 15 | 1,105 | 2,428 | 1,470 | 7.7 |
| スリランカ | 2,132 | 6.6 | 325 | 826 | 3,850 | 3.0 |
| イラン | 8,291 | 163 | 51 | 4,410 | 5,430 | －3.9 |
| トルコ | 8,343 | 78 | 107 | 8,831 | 10,940 | 2.6 |
| イラク | 3,931 | 44 | 90 | 1,773 | 4,630 | 0.6 |
| サウジアラビア | 3,427 | 221 | 16 | 6,618 | 20,090 | 2.2 |
| アラブ首長国連邦 | 978 | 7.1 | 138 | 3,678 | 39,130 | 1.7 |
| カタール | 283 | 1.2 | 244 | 1,597 | 60,510 | 2.2 |
| イスラエル | 852 | 2.2 | 386 | 3,263 | 37,440 | 3.3 |

表3-0-5：南アジア・西アジアの主な国

統計年次は人口、人口密度が2019年、
面積、GNI、一人当たりGNIが2017年、
国内総生産成長率が2018年。
『データブック オブ・ザ・ワールド2020』による。

## インド……「遅れてくる巨人」からの変身

インドは、14億弱という、中国に次ぐ人口を抱える大国です。

人口の多さと、それに起因する文化の多様性などから、どこに目を向けたらいいのかわからなくなるくらい混沌としたイメージを持ってしまいます。

中国が急速な経済発展によって、世界2位の経済大国になったのに対し、インドはまだこれからというイメージを持っている方も多いでしょう。

インドはいつも「遅れてくる巨人」といわれます。ところが、近年は、経済成長によって着実に経済規模を拡大し、ついに世界7位となりました（表3-0-1参照）。

近いうちに、中国の人口を上回ることが予測されているのは有名な話ですが、経済規模でもイギリスやフランスを抜きそうな勢いです。2030年には日本を抜くという試算もあります。これから先、インドの存在感がどんどん大きくなってきそうです。

国内の経済格差について東大では問われましたが、インフラの整備も進んできました。

## 西アジア……イスラム教と政治

西アジアというと、「中東地域」と北アフリカと一緒にされることが多く、石油や砂漠のイメージが強いかもしれません。そのほか、ムスリム（イスラム教徒）が多い、というイメージもきっとあるでしょう。

これらの地域は、**国がイスラム教とどう関わるのか**、という視点でみると、それぞれの国の特徴が見えてきます。

# 東・東南アジアの急増する航空貨物輸送

今度は、中国以外の東アジア、韓国や台湾、香港などのアジアNIESと、ASEANを中心にまとまる東南アジアについて、みていきたいと思います。

まずは、航空貨物輸送についてです。

## Q 2014年 第2問 設問B(2)

図2－3では、アジアの主要都市圏における国際航空貨物の取り扱い量の伸びが目立つ。とりわけ、2000年から2010年にかけて、香港、ソウル、上海、台北で、国際航空貨物の取り扱い量が大幅に増加した共通の理由として考えられることを2行以内で述べなさい。

図2－3　世界の主要都市圏における国際航空貨物取り扱い量の変化

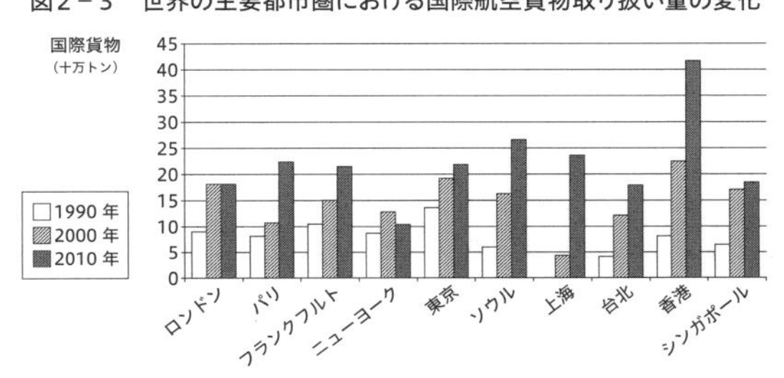


都市圏内にある複数の空港の国際航空貨物取り扱い量の合計値。
ただし、ニューヨークはジョン・F・ケネディ国際空港のみの数値。
1990年の上海の数値は掲載されていない。
『航空統計要覧』各年版による。

## アジアNIESの成長

ここで問われているのは、アジアで国際貨物の取扱量が2000年に入って急増している理由です。

アジアのなかでも、韓国のソウル、中国の上海、香港、台湾の台北の4都市というのは、どんなところでしょう？　きっとすぐに上海は中国の経済の中心、そのほかの3都市はアジアNIESの都市だと答えられますね。

航空貨物の問題ですので、これらの都市には、**ハブ空港**といわれる拠点空港が整備されていることも指摘できます。

世界の空港の貨物取扱量ランキングを見ると、問題で問われている空港が上位にきています[1)]。

ソウル（仁川（インチョン））やシンガポールのチャンギ、台湾の台北は、国際線の乗降客数でも世界有数の空港です。ただし今回の問題は、旅客輸送ではなく貨物輸送なので注意しましょう。

そもそも、航空貨物で運ぶことができるのは、どのようなものでしょうか？

Part1のパナマ運河の拡張工事の問題で見たように、各種輸送手段には、それぞれに利点と欠点という質的特徴があり、もっとも合理的な方法が選ばれてきました。

航空機は、利点は時間的に早く運べることですが、貿易の主役である船舶に比べて運賃が高く、あまり大きなものは運べません。船舶で運ばれるのは、「大型で重量があり、付加価値の低いもの」であるテレビや洗濯機、冷蔵庫などの電気機械が中心でした。

航空貨物はいわゆる**「小型、軽量、高付加価値のもの」**に限られます。

具体的には、科学光学機器（眼鏡やレンズ、カメラなど身近なもの以外に、液晶画面用の偏光板フィルムや半導体に回路図を描写するステッパーといわれる装置も含まれます）や、ICやLSIなどの精密機械、金（非貨幣用）などが該当し、成田空港では主な輸出品目になっています。美術品や工芸品も盗難を防ぐことが可能なので含まれます。

## 国際分業は「深化」の時代へ

この地域で2000年代に入って航空貨物が急増したのは、付加価値の高い工業製品の生産が急増したためです。ただしもう少し踏み込んで考えてみましょう。キーワードは「深化」です。

すでに製造業では、**「企業内国際分業」**という言葉が当たり前のものになっているのは、ご存じの方も多いでしょう。1つの工業製品を生産する際に、研究開発や組み立てなどの工程ごとに、国をまたいで分業して完成させることをいいます。

**日本ならトヨタなどの自動車メーカーやパナソニックやソニーなどの家電メーカー、ユニクロなどのファストファッションメーカーがすぐに思いつくでしょうし、アメリカ合衆国でもAppleなど、世界的に有名な企業はすべて多国籍企業（グローバル企業）です。**

製造業分野の多国籍企業（グローバル企業）は、求める生産工程ごとに必要となる技術や労働力の所得水準が見合った「最適立地」を求めて、生産拠点などの事業所を世界的に展開しています。

ここでは、航空機で運ばれる高付加価値の製品をつくる企業ということで、有名なアップルを例に考えてみましょう。
スマートフォンやタブレット、ノートパソコンなどのいわゆるハイテク製品は、新製品が出るたびに軽く薄くなり、画素数や処理速度などスペックともいわれる性能は短期間に向上しています。
ハイテク製品は、技術革新のサイクルが速く、製品の耐用年数（＝寿命）も短いという特性があり、同業他社との競争に勝つためには、生産コストを節約するだけでなく、市場に素早く投入するためのスピード感も必要です。

Appleは2006年から、部品の生産、組み立てなどアップル製品に部品や完成品を調達する国・地域や企業を「サプライヤーリスト」として公開しています。
2019年に公表された2018年の上位200社のリストを見てみると、台湾が1位で46社、次いで中国が41社、3位が日本で38社、4位は本国アメリカ合衆国ですが、5位は韓国で13社となっています。
**東アジア地域の台湾、中国、日本、韓国が圧倒的なシェアを占めている**ことが読み取れます（以前は、Appleの資料に、サプライヤーリストを示した図が載っていました。非常にわかりやすい図でしたが、なくなってしまい残念です…）。

東アジア、東南アジア地域は、ハイテク企業が技術と労働賃金に応じた「最適立地」を求めるなかで、ハイテク製品に欠かせない精密な部品を生産する日本や、安価で豊富な労働力が得られる中国、精密機械などを生産が増えてきたアジアNIESの韓国、台湾と地理的な距離も近く、ハイテク製品の生産にはもってこいの地域であることがわかります。
かつて途上国が工業化を進めた際には、先進国と途上国との間で行われていた分業は、先進国が部品（中間財）や工作機械（生産財）を途上国に輸出し、途上国では豊富な低賃金労働力をいかして部品を組み立てて完成品（消費財）を先進国に輸出する、というのが一般的な構図でした。

しかし、**現在では、ハイテク製品の部品生産も途上国で可能になり、こうした分業体制は複雑化しています。**航空機の利用によって、そのスピードも速まっています。

## ファブレスとEMS・ファウンドリー

ちなみにAppleは、自社で生産設備をもっていません（こうした企業を**ファブレス企業**といいます）。生産は、ファブレス企業からの注文を受けて受託生産する**EMS**（電子機器受託製造サービス）といわれる企業を利用します。

莫大な設備投資を必要とする生産部門を切り離してファブレスになることで、研究・開発や試作などに特化し、変化の激しい市場に対応することができます。

EMSの代表例は、台湾の**フォックスコン（鴻海・ホンハイ）**です。シャープを傘下に収めた企業といえばすぐにわかるはずです。

フォックスコンは、AppleのiPhoneやiPadのほか、任天堂のSwitch、ソニーのPlayStation、MicrosoftのXboxなども造っています。どのゲーム機を買おうかと迷っても、造っていたのは同じ企業だった、ということが起こっていたわけです…。

また、半導体を供給する受託製造は、**ファウンドリー**（foundry・鋳造所の意味）ともいい、台湾の**TSMC**（Taiwan Semiconductor Manufacturing Co., Ltd.・台湾セミコンダクター・マニュファクチャリング・カンパニー）が、韓国のサムスンやアメリカ合衆国のIntelと並ぶまでに成長しています。

TSMCは、2019年11月、東大と提携し、半導体技術を共同で研究することを発表しました。どんな新しいことが起こるのか注目したいと思います[2)]。

もちろん、台湾のこれらのメーカーは、中国との近さを利用して、中国に生産拠点を持っています。Appleや任天堂などから注文を受けたうえで、どの工場でどの部品を作り、どう組み合わせるのかが重要になってきます。

前の章で見た「世界の工場」である中国とどう差別化を図るのかというのが、どんな国・地域でも大事な課題になってくるのでしょう。

また、台湾のメーカーは、Appleなどのアメリカ合衆国の企業とも、**HUAWEI**（ファーウェイ）などの中国の企業とも非常に親密な関係を築くことで成長してきました。5Gなどの技術をめぐって米中の関係が悪化するなかで、どうふるまうのか悩ましいところでしょう。

解答では、これらアジア地域に物流の拠点にもなるハブ空港が整備されていることに加え、ハイテク製品を中心に国際分業の深化が進み、航空機で運ぶことができる半導体などの高付加価値の貨物の取り扱いが増加したことをまとめます。

**解答例**

**⑵ハブ空港の整備に加え、経済成長の著しいアジアで電子機器を中心に分業体制が進み、半導体などの部品の取り扱いが増加したため。（60字）**

# 韓国の高度経済成長と高齢化

今度はお隣の韓国（大韓民国）についてです。日本では、韓国ドラマやアイドルグループが人気を集める韓流ブームも起これば、その反動のような言説も散見されます。韓国でも、日本に対して、同じような振幅がみられるようです。

2013年には、地理的に両国の関係をうまくまとめたような問題が出題されました。

## 2013年 第3問 設問A(3)

図３－１は、2000年代前半における各国の都市および農村の年齢階層別の人口構成比率を図示したものである。

(3) 韓国の都市では、日本の都市と比べて高齢化が進んでいない。その理由を下記の語句をすべて用い、２行以内で述べなさい。語句は繰り返し用いてもよいが、使用した箇所に下線を引くこと。　人口移動　高度経済成長

図３－１

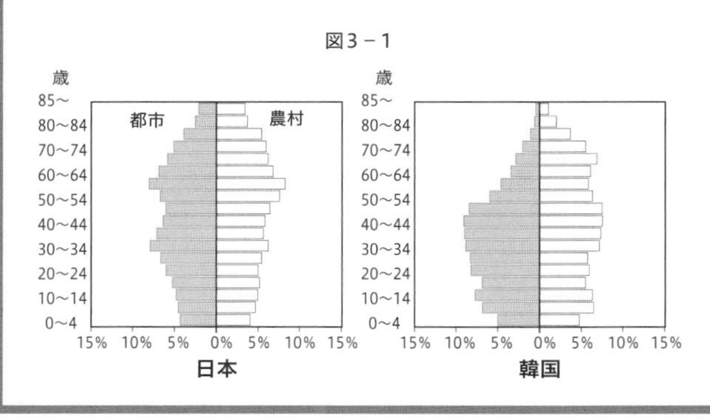

## 人口ピラミッドはウソをつかない

ここで問われているのは、韓国の都市人口が、日本の都市人口よりも高齢化が進んでいない理由です。

人口ピラミッドというのは、受験地理では「男女別年齢別人口構成」といわれることがあります。男女別に、年齢（1年単位で区切るのもあれば、5年単位で区切るものもあります）の割合や絶対数で若い年代から積み上げて示すグラフです。

今回の人口ピラミッドは、都市部と農村部に分けて、若い年代から下に積み上げているので、受験生は見たことがないでしょう。

人口ピラミッドを見たら、15歳と65歳に横線を引いてみるのが、問題を解くときのテクニックです。15歳未満の割合で少子化の進み具合を、65歳以上の割合で高齢化の進み具合を読み取ることができます。

実際に65歳で線を引いてみると、たしかに左側の都市人口は、日本に比べて韓国は幅が狭く、高齢化があまり進んでいないことが読み取れます。

私は、いつも「人口ピラミッドはウソをつかない」と言います。理由は簡単で、人は必ず0歳で生まれるからです（65歳の人が生まれることはありません）。そうすると、このままいけばこの国はいつくらいに超高齢化社会を迎えそうだとか、ある程度先のことまで想像できるわけです。

日本の方は、都市部でも農村部でも、団塊の世代と言われる「第1次ベビーブーマー」と団塊ジュニアといわれる「第2次ベビーブーマー」を読み取ることができます。

ただし、人口ピラミッドが反映するのは、出生と死亡による自然増加・減少だけではありません。

流入と流出による社会増加・減少も反映します。国内ならば都市と農村で人口移動があるでしょうし、国をまたぐならば移民や出稼ぎ、難民としての人口移動があります。

## アジアNIESの合計特殊出生率の低さ

韓国をはじめとするアジアNIESは、日本以上に合計特殊出生率（1人の女性が一生のうちに産むと見込まれる子供の数）が低いのは、ご存知の方も多いでしょう。

次の表3-2-1は、日本とアジアNIES、中国（参考）の近年の合計特殊出生率を示したものです。アジアNIESの合計特殊出生率は、一人っ子政策をしてきた中国よりも低く、**日本以上に少子化が進行している**ことがわかります。

単年で見ると、日本は2005年に1.26となり、**「1.26ショック」**といわれましたが、韓国は2018年に1人台を下回って0.98となり、OECD加盟国でもっとも合計特殊出生率の低い国といわれるようになりました。

| | |
|---|---|
| 日本 | 1.37 |
| 韓国 | 1.11 |
| 台湾 | 1.15 |
| 香港 | 1.33 |
| シンガポール | 1.21 |
| 中国 | 1.69 |

**表3-2-1：日本とアジアNIES、中国の合計特殊出生率**
2015～20年の年平均値
UN Population Prospects 2019により作成。

## 高齢化が都市部で進まないのは、なぜ？

問題に戻って、65歳以上の老年人口を見比べてみると、たしかに韓国の都市人口はまだ少ないことが読み取れます。

問題文で気をつけなければいけないのは、「日本の都市部と比べて」と日本が登場しているところです。

指定語句には、日本の戦後からの歴史を振り返る際によく耳にする**「高度経済成長」**があります。日本のことがイメージできれば、解答にたどり着きやすいことが想像できます。

日本と韓国は、経済発展や工業化、都市化、少子高齢化など、さまざまな指標で見てみると、とてもよく似た国なのです。日本と韓国の違いは、日本が韓国よりもちょっと先にいろいろ経験して、後から経験する韓国は、その変化が日本よりも急だということです。日本のことを理解して、日本と比較することができれば、解答にたどり着けます。

問題の日本の都市部の人口ピラミッドをみてみましょう。日本でも農村部よりも高齢化は進んでいないことが読み取れます。

もちろんこれは、農村部から都市部への若者の移動がかつてあったからです。人口ピラミッドは嘘をつかないと言いましたが、農村部から都市部へと若者が移動することで、都市部での工業化や経済発展を担っていったのです。

若者が多くなれば高齢者の割合は下がるので、高齢化は進まないことになります。

## 日本と韓国の高度経済成長

日本については、最後の章のところでしっかりと見るので、ここでは問題に必要なところだけ抽出しましょう。

日本では、高度経済成長は1950年代からはじまり、1970年代の石油危機を機に安定成長期に入ったとされます。

当時、日本では、都市部で工業労働力の需要が高まり、**向都離村**といわれる地方の農村から三大都市圏への人口移動が顕著でした。農村からの人口流入によって労働力需要を補ったわけです。

2017年にNHKの朝ドラ（連続テレビ小説）で『ひよっこ』というドラマがありました。

時代設定は東京オリンピックの1964年、高度経済成長まっただ中で、茨城県北西部の奥茨城村（架空の村です）で育った、有村架純さん演じる主人公のみね子は高校卒業後、幼なじみと集団就職で東京に出て、工場で働き始めます。地方からの若年労働力は、「金の卵」といわれました（金の卵といわれる対象は、1960年代からは中卒から高卒になったそうです）[3)]。

高度経済成長期といわれる時期には、2つの指標が同時に変化します。

1つが合計特殊出生率で、これは女性の社会進出や高学歴化などによって低下していきます、2つ目が都市人口率で、これは今みたような農村から都市への人口移動によって上昇していきます。

図3-2-2は日本と韓国の合計特殊出生率と都市人口率の推移を示したものですが、日本、韓国ともに合計特殊出生率は低下し、都市人口率は上昇しています。日本では安定成長期に入った1970年には都市人口率の上昇が落ちついてきました。

2000年代に再度上昇するのは、国連の「World Urbanization Prospects」の都市人口率の定義変更によるものです（国によっ

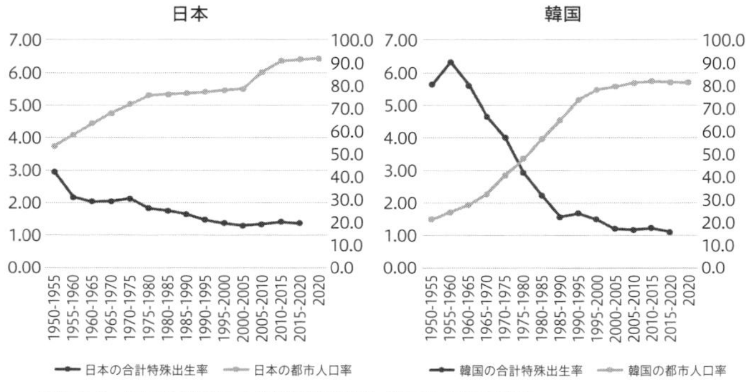


**図3-2-2：日本と韓国の合計特殊出生率と都市人口率の推移**
都市人口率は5年ごと、合計特殊出生率は5年間の平均値
UN Population Prospects, UN Urbanization Prospectsにより作成。

て都市人口率の定義も異なるので、国同士の単純な比較はできません）。

韓国と日本の違いは、合計特殊出生率の低下と都市人口率の上昇の時期が少しずれていることです。

韓国で、日本のような高度経済成長がはじまるのは、日本から少し遅れた1960〜70年代に入ってからでした。こうした韓国の高度経済成長は、**「漢江（かんこう(ハンガン)）の奇跡」**といわれます。

もう、ここまできたら、答えはなんとなく見えていますね。

解答では、韓国は日本と同じような高度経済成長期の農村から都市への若年層の人口移動が日本よりも遅かったこと、そのために、まだ高齢化が進行していないことをまとめます。

**解答例**

**⑶農村から都市への若年層の人口移動が激しい高度経済成長の時期が日本より遅く、流入した人々の多くが老年に達していないため。（59字）**

## 人口ボーナス期と人口オーナス期

後で日本をみる際の予習として、もう少し人口について確認しておきましょう。人口ピラミッドは、ヨーロッパでも出てきます。

工業化によって急速に経済成長する高度経済成長期には、同時に出生率が低下します。出生率が低下する直前に生まれた人たちは、その国や地域において、いわゆるボリュームゾーン＝「人口の節」にあたる世代になります。

日本ならば、**団塊世代**（第１次ベビーブーマー）です。この人口の節にあたる団塊世代は、生産年齢人口（15〜64歳）となって、経済成長を担ってきました。

年少人口（0〜14歳）と老年人口（65歳以上）を合わせた人口を生産年齢人口（15〜64歳）で割った割合を、従属人口率といいます。社会を支える人たち（生産年齢人口）が、実際にどれだけ子供やお年寄りを支えているのかを示す指標です。

高ければ、少ない生産年齢人口でたくさんの子供やお年寄りを支えているといえます。低ければ、生産年齢人口の数が多く、子供やお年寄りは少ない状態です。

高度経済成長期は、合計特殊出生率は低下しはじめるとはいえ、老年人口もまだ少ないため、年金などの社会保障費は少ない状態です。政府は税収をインフラ整備など大きな投資に回すことができ、経済成長も促されます。

このように、従属人口率が低い（＝生産年齢人口割合が高い）状態を、**「人口ボーナス期」**といいます。高度経済成長期は、

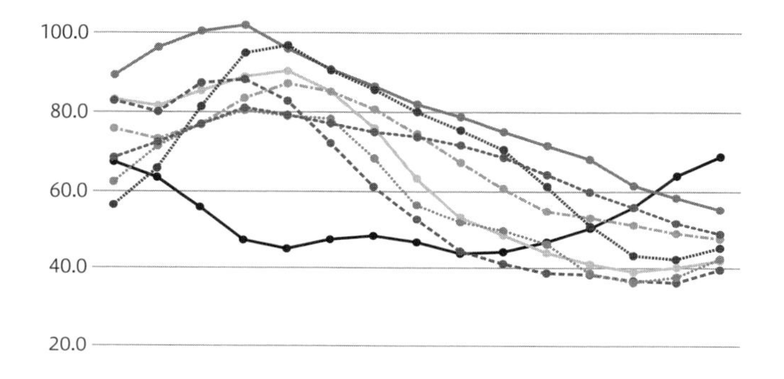

**図3-2-3：アジアのおもな国の従属人口率の推移**　UN PopulationProspectsにより作成。

まさに日本の人口ボーナス期でした。

ところが現在は、団塊世代の老年人口への移行や少子化によって超高齢社会を迎えています。今度は一転、年金や医療費などの社会保障費が増大し、社会を支える生産年齢人口も少なくなるので政府も大きな投資がしづらくなります（このような時期を、**「人口オーナス（＝重荷・負荷）期」**といいます）。

図3-2-3は、アジアのおもな国の従属人口率の推移を示したものですが、日本は、高度経済成長期に下がり、高齢化がはじまった1990年代から上昇していることがわかります。韓国や中国も上がりはじめています。

韓国やシンガポール、台湾などのアジアNIESは、日本なみ、もしくはそれ以上に合計特殊出生率が低く、高齢化の進行がさらに速いスピードで進行していくことが予測されています。

従属人口率が低下しているインドネシアやインドなどは、まだボーナス期まっただ中ですが、こうした国は、若者の数も多く、活気があって、高い経済成長率を示すことになります。

こんなふうに、ほかと比べたり時系列的に見ていくことで、さまざまなことが見えてきます。有望な投資先を見つけるチャンスになるかもしれません。

# ASEANとアフリカ……インド洋をめぐる動き

東アジア・東南アジアをずっとみてきましたが、今度は、インド洋に目を向けてみましょう。

太平洋、大西洋、インド洋を三大洋といいますが、インド洋でも活発な動きがみられます。

## 2018年 第2問 設問B⑶

インド洋を取り巻く地域では、古くから交易や文化的交流、人の移動が盛んに行われてきた。

⑶ インド洋を取り巻く国々は、1997年に「環インド洋連合(IORA)」を組織し、貿易・投資の促進など域内協力推進を図っている。東南アジア諸国からアフリカ東南部インド洋沿岸諸国に対して、今後、どのような分野での貿易や投資が活発になっていくと考えられるか。両地域の経済発展の状況を踏まえ、その理由とともに、2行以内で述べなさい。

## IORA(環インド洋連合)って?

そもそも、**IORA**(The Indian Ocean Rim Association・環インド洋連合)という国家群を聞いたことがある方はいらっしゃるでしょうか?

IORAは、1995年に南アメリカのネルソン・マンデラ氏がインドを訪問したときの発言からはじまり、1997年に発足しました。

オーストラリアやインド、南アフリカなどインド洋の沿岸国22か国が加盟し、アメリカ合衆国やイギリス、日本など9カ国の対話パートナーとなっています(図3-3-1参照)。すでに結成され20年以上が経ち、毎年外相会議も開かれています[4]。

などと、さも知っているかのようなフリをして書いていますが、この問題で見るまで、私も知りませんでした…。

予備校の講師をしていると、大学入試で出題されるものについては敏感になりますが、不勉強もあってIORAには初めて出会いました。

言い訳ですが、教科書にも受験生向けの資料集の類いにも、国勢図会やデータブックなどの統計関係の本にも、IORAは載っていません。大学受験を迎えるうえで、必ずしも覚えておかなければいけない国家群ではないようです。

IORAのHPによると、インド洋での安全保障、貿易・投資の促進、漁業の管理、災害のリスク管理、学術・科学・技術協力、観光や文化交流のほか、2014年からはブルーエコノミーや女性の社会進出に取り組むことを明記しています(この問題ではじめて学習しました…)。

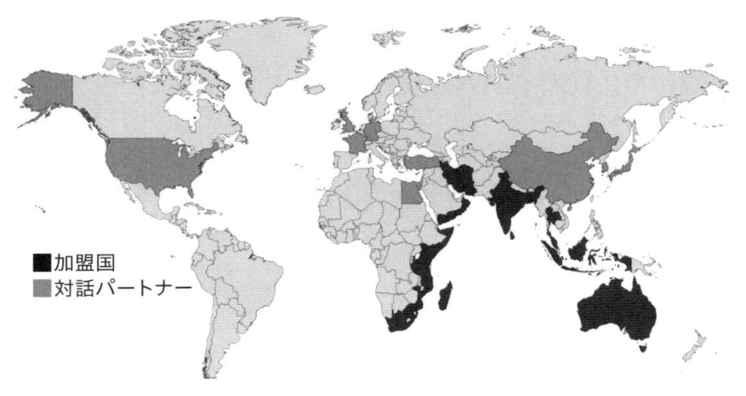


図3-3-1：IORA（環インド洋連合）加盟国

https://www.iora.int/media/8249/iora-overview-min.pdf より。

## アフリカに進出するASEAN諸国

インド洋は、太平洋、大西洋を合わせた三大洋のなかで、一番心理的に遠い大洋かもしれません。日本が面する太平洋は世界でもっとも大きな海ですが、対岸にはアメリカ合衆国があり、ハワイやグアムなどもあります。大西洋は、アメリカ合衆国とヨーロッパの先進地域が挟む海で、前の問題でみたように経済的な結びつきも強いところです。

すこし話を昔のことに遡ってみると、環インド洋諸国は、海で結ばれた地域でした。

アフリカの島国のマダガスカル（世界で4番目に大きな島です）では、大陸と異なり、インドネシア語と同じオーストロネシア語族の言語が話され、米を主食としています。

タンザニア（すぐに位置を指させますか？）のザンジバル島は、イスラム様式やインド様式などの多様な文化が残っている観光地です。

これらはインド洋を船で移動することで伝播、定着したからです。

さて、問題を解きましょう。IORAについては、(おそらく)知っていた生徒はいなかったでしょう。

実際に知らないことが問われた時には、知っていることを当てはめる、つまり演繹(えんえき)します。

問題文では「考えられるか」と問われています。出題者も、IORAについて受験生が知っているとはまったく思っていませんね。

受験生が知っている知識は、前の章でみた、中国のアフリカ進出です。「一帯一路」の一路は、まさにインド洋のシーレーンと重なります。

東南アジアを中国に置き換えて考えてみます。

東南アジア諸国とアフリカのインド洋沿岸諸国の「経済発展の状況」は、もちろん東南アジアの方が所得水準が高いので、アフリカへ進出する側になるでしょう。

東南アジアも経済発展によって資源の需要が増加していますから、アフリカへの投資には資源の開発があるでしょう。貿易については、まだ所得水準の低いアフリカ向けですから、中国と同様、安価な電気機械が輸出されるはずです。

解答では、所得水準の高低がわかるようにしながら、上記のことをまとめればよいでしょう。

**解答例**

**(3)東南アジア諸国から安価な電気機械などが輸出され、経済発展が遅れたアフリカ諸国に対する資源開発のための投資が増える。(57字)**

# インド……優秀な人材とインフラ事情

インドのICTについて、国内事情をみていきましょう。

Part1の情報の流動（47ページ）でみたアメリカ合衆国とインドの問題の続編です。

インターネットの利用者や国際電話を通して、情報インフラの重要性についてみていきますが、出題された2014年に比べて、すごいことが起こっていました。

## 2014年 第2問 設問A(4)

表２－１は、世界の10ヶ国における、人口100人あたりのインターネット利用者数(2008年)および１人あたりの国際電話の平均年間通話時間(分、2005年、ただしアメリカ合衆国とフィリピンは2004年、インドは2002年)を示している。

表2－1

| 国名 | 人口100人あたりのインターネット利用者数 | 1人あたりの国際電話の平均年間通話時間（分） |
|---|---|---|
| (a) | 90.0 | 240.0 |
| アメリカ合衆国 | 75.9 | 280.0 |
| (b) | 75.2 | 46.3 |
| (c) | 69.6 | 1063.3 |
| (d) | 67.9 | 182.8 |
| スロバキア | 66.0 | 90.0 |
| 中国 | 22.5 | 7.3 |
| シリア | 17.3 | 49.8 |
| フィリピン | 6.2 | 28.0 |
| インド | 4.5 | 3.0 |

世界銀行資料による。

(4) 図2－1(42ページ)によるとアメリカ合衆国とインドとの通信量はかなり多いが、表2－1によるとインドではインターネットや国際電話の利用が他国に比べて低調である。このような現象が生じる原因を、インドの社会状況を踏まえて2行以内で述べなさい。

## 広がる格差……インドの社会状況

問われているのは、インドは、アメリカ合衆国との間で国際通話は多いのに、国内のインターネットや国際電話の利用が低調な理由です。インドの社会状況を踏まえて考えます。

インドの社会状況というと、インドの国内の事情について考えることになりますが、どのようなことが思い浮かぶでしょうか。

インドといえば、14億の人口を抱える世界2位の人口大国です。インド国内というと、ヒンドゥー教徒が多い国で牛を神聖視しているとか、ガンジス川での沐浴やタージ・マハールという白くて美しい寺院（ただしこれはイスラム寺院です）などをイメージされる方は多いでしょう。カーストという身分制度（カーストはポルトガル語に由来し、インドではヴァルナといいます）や女性の民族衣装であるサリーを思い出す方もいるかもしれません。

Part1でみましたが、インドは**「世界のオフィス」**といわれ、サービス貿易では大きな黒字を計上している国です。1人当たりの所得水準も上昇し、BRICSの1つでもあります。

しかし、いくら経済成長が著しいといっても、1,902ドル

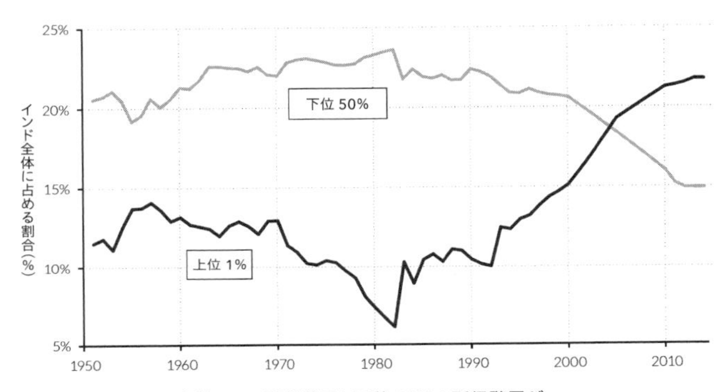


**図3-4-1：インドの上位１%の所得階層と下位50%の所得階層が全体に占める割合の推移**

Source: Chancel & Piketty (2017). See wir2018.wid.world for data series and notes.
In 2014, the Bottom 50% national income share was 15%.

『世界不平等レポート』より。
https://en.unesco.org/inclusivepolicylab/publications/world-inequality-report-2018

(2017年) とまだかなり低い水準です。しかも、経済成長まっただ中の途上国でしばしば見られるように、国内の格差がとても大きい国です。

インド全体の所得水準は上がっていますが、実際のところは、豊かな層がより豊かになったことで平均値が上がったようです。

『世界不平等レポート 2018』(いろいろなレポートがありますね) によると、インド全体の所得の伸び率は、1980 年から 2014 年にかけて 187%でしたが、上位 1%の人の所得の伸び率は 750%だったのに対して、下位 50%の人の所得は 89%しか伸びていません。また、上位層ほど、所得の伸び率が大きくなっています。

また、1980年から2014年にかけて特に、上位1%の人たちの所得が伸び、(成人約780万人にあたる) 上位1%の人たちの所得だけで、(同じく約3.9億人にあたる) 下位50%の人たちの約1.5倍になっていることがわかります（図3-4-1参照）。
このように格差が拡大した背景としては、**「新経済政策」**といわれる経済の自由化が挙げられます。

インドは東西冷戦の終わった1991年から経済の自由化を進め、積極的に関税の引き下げや外国資本の導入、公営企業が独占してきた産業への民間の参入を認めました。図3-4-1からも、1991年から急激に上位1％の人たちの所得が上昇しているのが読み取れますが、経済の自由化の恩恵を受けたのは、やはりそうした人たちだったことがわかります。

## インフラ、ネット環境に残る課題

こうした社会状況だと、インターネットを利用しようにも、そもそもパソコンなどの端末を手に入れることができない人も多いだろうことは容易に想像できます。

すこし話が逸れますが、2008年に『**スラムドッグ$ミリオネア**』という映画が公開され、数々の映画賞を受賞して話題になりました。インド最大の港湾都市ムンバイのスラムに暮らす少年が、クイズ番組（日本でも『クイズ$ミリオネア』という番組が放送され、「ファイナルアンサー？」という言葉が流行語にもなりました）に解答者として出演し、数々のクイズに正解していくというものです。
主人公は、スラム出身で無学のはずですが、クイズの解答を考える際に、生まれ育ったスラムで経験したことがヒントとなっていき、次々と正解していきます。
スラムを舞台とする映像は、もちろん演出効果もあるでしょうが、さながら迷路のようでした。インドの貧困層の置かれている厳しい生活が映されていますが、とてもインターネットや国際電話を利用する状況ではない感じで描かれていました。

端末の普及だけでなく、インフラの整備も遅れています。日本の企業がインドに進出する際に、電気・ガス・水道などのライフラインや、道路や港湾などの物流インフラの整備が進んでいないことが、課題としてよく指摘されます。通信インフラも、その例外ではありません。

解答では、インドの社会状況として、国内の貧富の差が大きく貧困層が圧倒的に多いこと、そのため情報端末の普及が遅れていること、さらには、通信を支えるインフラも未整備であることをまとめます。

**解答例**

**(4)貧困層の割合が圧倒的に高く、末端の通信機器が普及していないうえ、国際通信に必要な情報通信インフラも未整備なため。(56字)**

## ネット利用率の激増

この問題を、早々に切り上げたのは、理由があります。

東大がこの問題を出題した2014年から6年しか経っていませんが、この国は、当時と比べて大激変しているようです。

前回との違いをアップデートしようと思ったところ、驚いてしまいました。

インターネット利用率は、問題の統計年次が2002年で、100人当たりで4.5人でした。基準が国や調査方法によって異なることもあり一概に比較はできませんが、2017年に34.45人と、かなり伸びています。
2019年のインターネット利用率を示した別のデータによると41%に伸びています。前年比で1億人弱の人がインターネットを利用するようになった、とあります[5)]。

インドではインターネットの利用者数も増加し、ネット環境も変わっているようです。Part1で、アメリカ合衆国とインドのICTの分業やコールセンター業務の立地を確認しましたが、今後も要注目といえるでしょう。

## 「遅れてくる巨人」

インドは、しばしば中国と比べられ、その時に「遅れてくる巨人」ともいわれます。カースト制度も根強く残り、貧富の差も大きく、インフラ整備も追いついているとはいえません。最近は大気汚染も深刻です（焼畑の際の野焼きもその一因のようです）。

とはいえ、多くの人口を抱え、若年層も多く、理数系を得意とする人的資源に恵まれています。インフラ整備も徐々にですが進んできています。前の章で中国、この章でも韓国とみてきましたが、中国や韓国の急速な変化と比べたら、インドは歩みが遅いように見えます。
しかし、ゆっくりと（でもすごい勢いで？）、この国は近いうち「やってくる」ような気がしています[6)]。

# イスラム教……それぞれの国づくり

最後に、インドを通り越して、西アジアまで目を向けてみましょう。西アジアというと、サウジアラビアやアラブ首長国連邦などの産油国が多く、日本にとっては、重要な原油の輸入先です。

そのほか、この地域はイスラム教が主に信仰されている地域でもあります。あまり東大が宗教について出題することはありませんでしたが、東南アジア最大の人口大国インドネシアと、西アジア最大の人口大国イランという比較で、イスラム教と政治の関係について出題されました。

## 2018年 第2問 設問B(1)

インド洋を取り巻く地域では、古くから交易や文化的交流、人の移動が盛んに行われてきた。

(1) イスラームは、西アジアのアラビア半島に起源を持つ宗教であるが、西アジアには、イスラーム大国とされるイランも含め、ムスリム人口が1億を超える国は存在しない。これに対し、東南アジアには、2億を超える世界最大のムスリム人口を擁するA国、南アジアには1億を超えるムスリム人口を擁するB国、パキスタン、バングラデシュが存在する。A国、B国の国名をA—○、B—○のように答えた上で、イランとA国の、国の統治のあり方の違いを、宗教の位置づけに注目して2行以内で述べなさい。

## 世界のムスリム人口……最も多い国は？

まずは、単答問題です。東南アジアで2億を超える世界最大のムスリム人口を擁する国と、南アジアで1億を超えるムスリム人口を擁する国（パキスタンとバングラデシュ以外）を答えます。

ここで確認ですが、世界には、どれくらいのムスリムがいるのでしょうか？

概数ですが、『World Almanac2020』によると、ざっくりとした値ですが、約19億人です（表3-5-1参照）。最も多いのがインドネシアで、次いでパキスタン、インド、バングラデシュと続きます。

| 順位 | 国名 | ムスリム人口(千人) | 国内人口に占める割合(%) |
|---|---|---|---|
| 1 | インドネシア | 216,526 | 79.5 |
| 2 | パキスタン | 200,893 | 96.4 |
| 3 | インド | 200,000 | 14.5 |
| 4 | バングラデシュ | 151,215 | 89.1 |
| 5 | ナイジェリア | 95,300 | 46.2 |
| 6 | エジプト | 92,807 | 90.2 |
| 7 | トルコ | 82,418 | 98.3 |
| 8 | イラン | 82,388 | 98.6 |
| 9 | アルジェリア | 42,572 | 98.2 |
| 10 | イラク | 40,524 | 97.6 |
| 世界計 | | 1,893,345 | |

表3-5-1：世界のムスリム人口と上位10か国

Sarah Janssen. The World Almanac and Book of Facts 2020.

## イスラム教とは

そもそもイスラム教とはどのような宗教でしょうか？

イスラム教は、**7世紀の初めにはじまった厳格な一神教で、ムハンマドを預言者とする宗教です。聖典はコーラン（クルアーン）で、ムスリム（イスラム教徒）は、唯一神アッラーを信じ、信仰告白・礼拝・断食・喜捨・巡礼の五行といわれる義務を守ることが求められます。**

1日に5回メッカの方角に向かって礼拝したり、イスラム暦の9月（ラマダン月）に日の出から日没まで断食したり、一生に一度は聖地メッカに巡礼することが望ましいとされるのは、わりと有名ですね。

イスラム暦は月にもとづいた太陰暦（ニュースでは赤十字ではなく、赤新月（三日月）の救急車を見たことがあるかもしれません）を採用しているので、1年は354日（閏(うるう)年は355日）で太陽暦より10日くらい短いです。そのため、ラマダンの時期は毎年10日くらい前倒しになっていきます。

宗派は、多数派のスンニ派と、シーア派などの少数派に分かれます。シーア派は、イランやイラクでは多数派となっています。

ちなみに、日本のムスリム人口は、Pew Research Centerのデータだと22万人前後です。全体の1%に満たず、日本に居住する外国人とその配偶者となった日本人ムスリムが中心だそうですが、生活のなかで話題になることは多くないのではないでしょうか。

どちらかというと、ムスリム観光客の増加を受けてハラールフードに関心が高まったり、中東におけるイスラム原理主義などの過激派についての報道によってテレビの中で見たりすることの方が多いかもしれません[7)8)]。

## イランとインドネシアの違いとは？

「イスラム原理主義」という言い方は、なんとなく過激な印象を与えるかもしれませんが、本来は、聖典やイスラム法に基づいて国家や社会を統制していこうとするもので、「イスラム復興運動」とも言われます。テロや非合法活動などの暴力に訴えるのは、そのなかの急進的な人たちです。

穏健な方法でも、過激な方法でも、イスラム教と政治を結び付けようとする考え方ですから、いわゆる「政教一致」です。

イランでは1979年、王制を倒して宗教指導者を精神的支柱とする**イラン・イスラム革命**が起こり、イスラム教にもとづくイラン・イスラム共和国が誕生しました。それ以来、アメリカ合衆国は制裁措置を講じ、2000年代に入ると核開発をめぐって国連での制裁も行われました。

それに対して、インドネシアは、世界でもっともムスリム人口が多い国ですが、多民族国家でもあり、**「多様性の中の統一」**を国是として国家の統一を図ってきました。

例えば、暦はイスラム暦を採用していますが、祝日はイスラム教以外にも、キリスト教やヒンドゥー教、仏教、儒教のものがあります。

ムスリムが多数派ですが、いわゆる「**政教分離（世俗主義**といいます)」です。

## トルコとイランの対照的な国づくり

インドネシアのほかに、「政教分離（世俗主義）」を積極的に進めてきたのは、トルコです。

トルコは、第1次世界大戦後、オスマン帝国を解体して共和制を宣言し、近代化政策を進めてきました。ヨーロッパ型の「近代国家」建設を進め、ローマ文字を採用し、OECDやNATOに加盟して、EU加盟候補国にまでなりました（いまだに入れてもらえませんが…）。EUをはじめとする先進国からの投資を集めて工業化を進め、1人当たりのGNIは10,940ドルとイランのちょうどほぼ2倍です（イランは5,430ドル：いずれも2017年）。

西アジアで人口の多いイランとトルコが、宗教と政治では対照的な国づくりを進め、その結果、欧米との関係や経済発展に差がつくというのも、とても興味深いです。

解答では、イランとインドネシアの宗教と政治の関係のみをシンプルに比較しておしまいです。

イスラム教や中東地域は、イスラエルとのパレスチナ問題やISIL（アイシル）などの過激派組織、シリア内戦、さらにはクルド人問題など混沌としています。

複雑なところにはあまり踏み込むことなく、政治との距離の取り方についてのみ問う、というのは、東大らしいスタンスだと思います（一橋大だと、がっつり聞いてきます…）。

### 解答例

**(1)A－インドネシア、B－インド。イスラム法による統治を行うイランに対し、多様性を認めるA国では宗教による統治を行わない。(59字)**

# EU

## 人類史上まれにみる実験と試練

### 10秒でつかむ！「EU」のツボ

第２次世界大戦以降、EUという壮大な実験をしてきたヨーロッパは、その結びつきの強さがさまざまな問題を招いています。試される超国家連合の「理想と現実」に踏み込んでいきましょう。

# ブレグジットでみるヨーロッパ

## 本当に起こった「離脱」

2020年1月31日、ついにイギリスがEUから離脱しました。ブレグジット（BREXIT）といわれるイギリスのEU離脱は、さまざまな紆余曲折があって、実現しました（ほんとに途中までは、なにがどうなるのか、わからない感じでした…）。

それ以前の経緯をすこし振り返ってみましょう。

ことの始まりは、2016年のEU離脱をめぐる国民投票が行われ、僅差で離脱が決まったことでした。投票率は72.1％と高く、離脱が51.9％、残留が48.1％（離脱1,741万票・残留1,614万票。127万票差）でした。

この国民投票が行われたときは、どうせ残留するだろう、という空気が漂っていたはずです。あの時は、トランプ大統領が当選したときのような（？）衝撃が走りました。

国民投票は、国民の分断を引き起こしたといわれます。

イギリスは、4つの国からなる連合王国（United Kingdom）ですが、スコットランドと北アイルランドでは残留が多数だったのに対して、イングランドとウェールズでは離脱が上回りました。実際には、最も人口の多いイングランドの情勢で離脱が決まったわけです。

イングランドのなかでも、ロンドンを中心とする大都市圏やマンチェスター、リヴァプールなどの大都市では残留が上回りましたが、いわゆる地方では離脱が上回りました[1)]。

所得を当てはめてみると、１人当たりの所得の高い都市部では残留が多く、低い地方で離脱が多くなりました。ロンドンでも、高所得層の多いウエストエンドでは残留派が圧倒的に多く、低所得層が多いイーストエンドでは逆に離脱派が上回りました。

学歴でみると、大卒（学位保有者）の割合が高い地区ほど残留票の割合が高く、低い地区ほど離脱票の割合が高くなりました。

どんな地域、どんな人たちがどう判断したのか、その属性が見えてきます[2)]。

さらに、人種・世代の違いもあります。白人は離脱派が過半を占め、非白人の残留支持は圧倒的でした。

世代では、若い世代ほど残留票を投じ、高齢者ほど離脱票を投じました。そして（ご存じのように）、若者は投票率が低く、高齢になるほど投票率は高くなります。いわゆる**シルバー・デモクラシー**の典型でした。

地域、所得、地区、学歴、人種・民族、世代など、とても地理と強く結びついた結果が出たわけです。

## 支持した人たちの言い分

EUは、国家を超えた国家群で、supranational union（超国家連合）ともいわれます。

1993年に**マーストリヒト条約**でEUになって、労働力の域内移動が自由化されました。2000年代に東ヨーロッパ諸国が加盟したことで、ポーランドなどから職を求めて所得水準の高いイギリスに大量の**移民**が流入しました。

最近では、シリアやアフガニスタン、アフリカなどから大量の難民が流入し、検問のないEU内を通って、ドイツやフランスだけでなくイギリスを目指してやってきました。

アフリカの国々でも、特にイギリス植民地だったナイジェリアなどから英語が話せることを理由に、人々がドーヴァー海峡を渡ろうとしました。

受け入れる側の国々は、失業率の上昇や治安の悪化などに悩まされます。イギリスで離脱を支持した人たちは、移民や難民の流入を危惧しました。

また、EUへの拠出金の多さに不満を持っている人も多かったようです。当時、EU予算への拠出額が受取額よりも多かったのは10カ国で、イギリスは拠出額がドイツ、フランスに次いで3番目に多い加盟国でした。

離脱派による「毎週3億5,000万ポンドをEUに支払っている」と描かれたバスが、街を走りました。EUに出すくらいならば、自分たちの保険のために使おう、というわけです（このバスに描かれた主張は虚偽だったとして、離脱派で現在首相となったジョンソン元外相は、公職者の不法行為にあたるとして裁判所に出廷を命じられましたが…）。

イギリス国内でも、EU加盟による恩恵とはあまり縁がなく、なんらかの危害が及ぶと思った人たちは、国の決定権（権限）を自分たちの手に取り戻そうとしたのです[3)]。

## 難民問題と東欧諸国の幻滅

ほかの国ではどうでしょう？

EUはこの10年間ほど、さまざまな問題に直面してきました。先ほども触れた難民の流入がやはり大きいでしょう。初めのうちは人道的理由でこうした難民を受け入れていましたが、次から次へとやってくるのです。

EU最大の経済大国であるドイツでも、社会主義国だった旧東ドイツ地域を中心に、イギリスの離脱派の人たちのような不満から、移民排斥を掲げる極右政党が支持を集めています。特に旧東ドイツ地域は、いつまでも東西の格差が解消しないことに不満を持っている人が多く、そうした人たちの受け皿となっています。

東ヨーロッパのポーランドやハンガリーでも、民族主義的な政党が政権を握るなど、右傾化が指摘されています。

難民は、所得の高いドイツやフランス、イギリスを目指すので、所得の低いこれらの国は通過するだけです。それにもかかわらず、「難民が押し寄せて自分たちの職を奪う」というイメージを持った人たちが、こうした政権を支持しています。

1989年の「民主化」という名の社会主義政権崩壊によって、東ヨーロッパの人々は、西側諸国のように自由で豊かな生活がもたらされることに歓喜しました。しかし実際には、外国資本による工場進出などで恩恵を受けたのは一部の地域だけでした。大部分では、西側諸国との格差は解消されることなく、経済も停滞しました。

高い失業率は、若者の流出を招きます。経済状況が悪いなかでは出生率も低下するため、高齢化や人口減少も起こります。
**こうした閉塞感の中で、東欧諸国では、西側諸国との違いに幻滅して、EUに懐疑的な人たちが多くなっていきます。**

## 「ポピュリズム」のうねりとEUのこれから

ヨーロッパは、国家の枠組みを超えたsupranational unionの壮大な実験をしてきました。最初は経済的な結びつきを強め、EUになってからは政治的な結びつきへとその統合レベルをさらに引き上げていきました。
国の事情が異なるにもかかわらず、**ユーロ**という共通通貨まで導入します（イギリスは参加していなかったので、離脱手続きが容易でしたが…）。

その一方で、国ごとの「格差」を抱えながら、「人・モノ・資本・サービスの移動の自由」を実現すると、恩恵を受ける人もいれば、そこから取り残され、はじかれてしまう人も出てきます。
所得水準の高い西ヨーロッパでも、低い東ヨーロッパでも、いわゆる**「ポピュリズム」**とか大衆迎合主義とかいわれるものが台頭し、大きなうねりになっているのは、不安や不満を持つ人たちが増えてきたからでしょう。

だからといって、EUをなくせばすべて解決するわけではないことくらい、誰でもわかります。イギリスとは逆に、EU予算への拠出額よりも受取額が多いのはポーランドやハンガリー、ルーマニアなど東ヨーロッパの国々です。
理想と現実の間でいろいろ試行錯誤していくEUを、引き続き注目していくしかないようです。

# EUの拡大と「検問なしの移動」

ヨーロッパとくれば、まずはEUですね。EUの拡大が人の移動にどう影響を及ぼしたのかを見ていきましょう。

## Q 2014年 第2問 設問B(1)

図２－２は、世界の主要都市圏の国際空港について、国際旅客数の変化をみたものである。

(1) 図２－２では、アメリカ合衆国やアジアの主要都市圏と比べ、ロンドンやパリといったヨーロッパの主要都市圏で、国際旅客数の絶対数および1990年から2010年にかけての伸びが大きくなっている。その理由として考えられることを２行以内で述べなさい。

図2－2 世界の主要都市圏における国際旅客数の変化

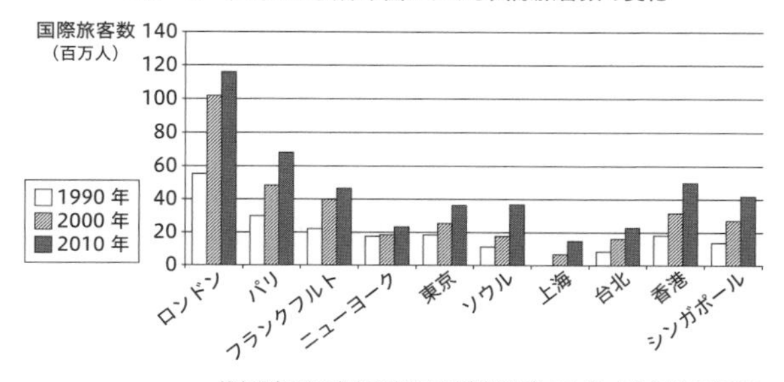


都市圏内にある複数の空港の国際旅客数（トランジットを含む）の合計値。
ただし、ニューヨークはジョン・F・ケネディ国際空港のみの数値。
1990年の上海の数値は掲載されていない。
『航空統計要覧』各年版による。

## EUはこうして深化、拡大してきた

問われているのは、ヨーロッパのロンドンやパリといった主要都市圏で国際旅客数の絶対数が1990年から大きく伸びている理由です。

まず、ヨーロッパといえば、EU（ヨーロッパ連合）を思いつくことはできるでしょう。

EUは、（BREXITが起こる前は）加盟国28か国、域内人口5.1億人の世界で最も結びつきの強い地域経済ブロックであり、しばしば、**「人・モノ・資本・サービスの移動の自由」**など、その結びつきの強さを耳にした方も多いのではないでしょうか。

1つ目のカギは、EUの「深化と拡大」にあります。まずは、EUの成立経緯について簡単に確認してみましょう。

EUのはじまりは、1952年のECSC（ヨーロッパ石炭鉄鋼共同体）にあります。

ヨーロッパは、第1次、第2次世界大戦ともに、その主要な戦場となり、現在のEUの主要国であるフランスとドイツは、互いに敵として戦ったという歴史をもっています。その背景には、両国の国境付近に存在する石炭や鉄鉱石などの鉱産資源産地をめぐる領有権争いがありました。

ECSCは、戦後復興の際に、石炭や鉄鋼の生産を共同で管理し、戦争がもう起こらないようにしようという意図のもとで成立しました。

その後もEEC（ヨーロッパ経済共同体）、EURATOM（ヨーロッパ原子力共同体）が設立され、1967年に3組織が統合する形でECは発足しました。

ECの主要機関がゲルマン系とラテン系が居住する境界に置かれているのも、こうした対立を克服しようという理念に基づいています（ヨーロッパ委員会はベルギーの首都ブリュッセル、議会はフランス北東部のストラスブール、裁判所はルクセンブルク）。

その後ECは、経済的な結びつきを強めるために、モノの移動である貿易については、域内関税の撤廃や域外への共通関税によって、市場統合を進めていきます。

さらに、人の移動については、国境での検問を廃止し、隣国への通勤や買い物などが活発になっていきます。こうした取り決めは**シェンゲン協定**によって行われていますが、シェンゲン協定はEUだけでなく、EUに加盟していないスイスやノルウェーも署名しているため、**一度ヨーロッパに入れば、主要国のほとんどを検問なしに移動することができます。**

国境をまたいだ人の移動である国際旅客数については、EUの『深化』という側面から、移動しやすい状況が整備されていることが見えてきました。

次に、EUの「拡大」の過程を確認しましょう（表4-1-1参照）。

ECが発足した時点での加盟国は、ベネルクス3国（ベルギー、オランダ、ルクセンブルク）と旧西ドイツ、フランス、イタリアの6か国でした。

その後、イギリスやスペインなどのヨーロッパの主要国をはじめ、スウェーデンなどの北欧を1995年までに加え、さらに2000年代に入ってポーランドやチェコなどスラブ系の旧社会主義国など加盟国を増やして「東方拡大」を進めてきました。

| 原加盟国 | ベネルクス3国（ベルギー、オランダ、ルクセンブルク）<br>旧西ドイツ、フランス、イタリア |
| --- | --- |
| 1973年 | イギリス、アイルランド、デンマーク |
| 1981年 | ギリシャ |
| 1986年 | スペイン、ポルトガル |
| 1995年 | スウェーデン、フィンランド、オーストリア |
| 2004年 | バルト3国（エストニア、ラトビア、リトアニア）<br>ポーランド、チェコ、スロバキア、ハンガリー<br>スロベニア、マルタ、キプロス |
| 2007年 | ルーマニア、ブルガリア |
| 2013年 | クロアチア |
| 2016年 | イギリスEU離脱の国民投票可決 |
| 2020年 | イギリスEU離脱 |

表4-1-1：EU加盟国の加盟年とBREXIT

前著『東大のクールな地理』でもこの表を載せましたが、そこにイギリスの離脱が加わったわけです。

こうした加盟国の増加によって、当然「人の移動」は拡大し、国際旅客数は増加していきます。

## ハブ空港（ゲートウェイ空港）

もう1つ、ヨーロッパ主要都市圏のなかでも、ロンドン、パリ、フランクフルトで国際旅客数が多い理由を付け加えておきましょう。

日本からヨーロッパに旅行されたことがあるならば、どの国や地域に行くにせよ、ロンドンのヒースロー空港、パリのシャルル・ド・ゴール空港、フランクフルト国際空港、スキポール空港のいずれかに着いた後、別の飛行機に乗り換えてまた他の都市へと向かった記憶があるのではないでしょうか。

これは、これらの空港が他地域からの乗り換え客を受け入れる拠点の空港（**ハブ空港**や**ゲートウェイ空港**といわれます）となっているからであり、さらにヨーロッパ内の他都市へと振り分ける役割も果たしているためです。

世界の国際乗降旅客数を見ると、問題でも採り上げられているロンドンやパリ、フランクフルトが上位にあることがわかります[4)]。

解答では、EU域内での移動が検問の廃止など、移動しやすい状況が整備されていることに加えて、EU加盟国自体が増加したこと、問題で問われている空港はEU域内でも域外からの乗り継ぎ客の受け入れが多いハブ空港（ゲートウェイ空港）であることをまとめます。

**解答例**

**(1)EU域内の人の移動が自由化し、さらに加盟国が増えたことに加え、ハブ空港を整備したことで乗り換え客などが増加したため。(58字)**

# 地中海沿岸でバカンス

Part1で、国をまたいだ人の動きを確認しましたが、今回は、そのヨーロッパバージョンです。

フランスやスペイン、イタリアと聞くと行きたくなりますね。

## 2019年 第2問 設問B(2)

近年、観光や商用などで外国を短期間訪問する国際旅行者が、世界的に増加している。表2－1は、2015年時点で外国からの旅行者の数が上位の国・地域について、外国人旅行者受け入れ数、自国人口100人あたりの外国人旅行者受け入れ数、人口1人あたり国民総所得(GNI)を示している。

(1) 表2－1の(ア)～(ウ)は、下記のいずれかの国である。それぞれの国名を、(ア)－○のように答えなさい。

アメリカ合衆国　スペイン　ドイツ　フランス　ロシア

(2) (ア)国と(ウ)国は、自国人口100人あたりの外国人旅行者受け入れ数が著しく多い。その両国に共通する理由として考えられる自然的および社会的条件を、あわせて2行以内で述べなさい。

表2－1

（2015年）

| 順位 | 国・地域 | 外国人旅行者受け入れ数（百万人） | 自国人口100人あたり外国人旅行者受け入れ数（人） | 人口1人あたり国民総所得（千ドル） |
|---|---|---|---|---|
| 1 | （ア） | 84.5 | 131 | 37.1 |
| 2 | （イ） | 77.5 | 24 | 58.1 |
| 3 | （ウ） | 68.5 | 149 | 25.8 |
| 4 | 中国 | 56.9 | 4 | 8.0 |

国連資料による。
外国人旅行者の定義は国によって異なる。
中国には台湾・香港・マカオは含まれない。

## 豊かな観光資源

(1)は基本的な選択問題です。所得水準（1人当たりの国民総所得：GNI）もあるので、それほど難しいことはないでしょう。

2015年の外国人旅行者の受け入れ数が最も多い（ア）は、フランスです。

フランスといえば、なんといっても「花の都」パリが国際的な観光地ですね。エッフェル塔やルーブル美術館、（修復作業中に火災で損傷してしまった）ノートルダム大聖堂など、多くの名所があります 。そのほか、昔から貴族たちの保養地だったニースやカンヌ（映画祭で有名）などがあるコートダジュール、アルプス山脈にはスキーリゾートで有名なシャモニーなど、観光資源には事欠きません。

（イ）は、１人当たりの所得水準が高いことから、アメリカ合衆国です。先進国ですから旅行支出もある程度多いのですが、旅行収入が最も多い国です。

アメリカ合衆国は、ミュージカルで有名なブロードウェイのあるニューヨークや、ハリウッドのあるロサンゼルスなどの大都市のほか、グランドキャニオンやナイアガラの滝など雄大な自然環境もあり、多くの観光客が訪れる観光資源を抱えています。

ちなみに、日本からアメリカ合衆国へ行く人のうち、約7割がハワイやグアム、サイパンなど太平洋の島々を渡航先としています。ハワイには何度か行ったことがあるけれど、アメリカ合衆国本土には行ったことがない、という方もいらっしゃるのではないでしょうか。

（ウ）は、受け入れ数がある程度多いことと、所得が3万ドル弱であることから、スペインです。スペインも、フランスと同様、首都マドリードやカタルーニャ地方の中心都市バルセロナに加え、コルドバやグラナダなどイスラム文化も残るアンダルシア地方も人気で、多くの観光客を引きつけています。もちろん、次の小問でも扱いますが、地中海沿岸の夏の陽気な気候を目当てに、イビサ島やマリョルカ島などでバカンスを過ごす人が訪れます。

最近では、日本人選手の活躍もあって、野球やサッカーなどスポーツ観戦に行く人も多いようです 。スポーツ観賞は、アメリカ合衆国でもスペインでも、多くの観光客を引きつける強力なコンテンツになります。日本のJリーグでもタイやベトナムのスター選手が加入することで、ツアーで応援に来る人たちも増えてきています。こうした体験型の消費行動（いわゆる**コト消費**）は、今後も増えていくことでしょう。

**解答**

**(1)(ア)―フランス（イ)―アメリカ合衆国（ウ)―スペイン**

## 旅行収支……黒字国と赤字国の違い

⑵では、外国人旅行者の受け入れが多いフランスとスペインに共通する自然的条件と社会的条件について問われています。

自然的な条件は、もちろん、地中海沿岸の恵まれた夏の陽気です。表4-2-1は、国際旅行収支（収入と支出の差）の上位国を示したものです。

ヨーロッパでは、黒字（収入の方が支出よりも多い）になっているのは、スペインが3位に、7～10位にはイタリア、フランス、ギリシャ、ポルトガルがランクインし、すべて地中海に面した国です。

一方、赤字になっているのは、ドイツ、イギリス、ノルウェーなど、いずれも北部に位置する国です。これは、ドイツやイギリスの人たちが、夏のバカンス（長期休暇）を地中海沿岸の国で過ごすことで起こるといわれますが、ここまでわかりやすい差が出るのは、興味深いです。

| | 黒字国 | 収支 | | 赤字国 | 収支 |
|---|---|---|---|---|---|
| 1位 | アメリカ合衆国 | 70,311 | 1位 | 中国 | －237,380 |
| 2位 | タイ | 50,704 | 2位 | ドイツ | －50,418 |
| 3位 | スペイン | 47,229 | 3位 | ロシア | －22,785 |
| 4位 | マカオ | 38,955 | 4位 | イギリス | －22,401 |
| 5位 | 日本 | 20,988 | 5位 | 韓国 | －15,485 |
| 6位 | トルコ | 20,625 | 6位 | クウェート | －14,123 |
| 7位 | イタリア | 18,530 | 7位 | ブラジル | －12,346 |
| 8位 | フランス | 18,510 | 8位 | カナダ | －11,508 |
| 9位 | ギリシャ | 15,831 | 9位 | ノルウェー | －11,325 |
| 10位 | ポルトガル | 13,781 | 10位 | ベルギー | －8,909 |

表4-2-1：国際旅行収支の黒字・赤字の上位国

https://unctadstat.unctad.org/wds/TableViewer/tableView.aspx

## ヨーロッパの自然環境

ヨーロッパの気候を確認しておきましょう。

ヨーロッパは、アルプス山脈をはじめとする高峻な山々をはさんで、北と南ではかなり異なる気候が広がります。ちなみに、ドイツの文豪ゲーテも、地中海に憧れて、その旅の印象を『イタリア紀行』という作品にまとめています。こうした余暇活動が古くから今にいたるまで続いてきたことは、やはり地中海沿岸地域の自然が持つ魅力といえるでしょう。

地中海沿岸というと、フランスならコートダジュールやプロヴァンス地方、イタリアならローマやシチリア島、アマルフィ海岸などの映像で、夏の陽光があふれているイメージを持ちますが、これは夏に高温乾燥し、からっとした陽気となる**「地中海性気候」**だからです。

緯度に注目すると、北緯40度の緯線がスペインからイタリア南部にかけて走っています。この緯線は、ユーラシア大陸を東にたどっていくと、中国の首都ペキン（北京）や、日本ならば東北地方の秋田や盛岡とほぼ同じ緯度です。ヨーロッパという地域は、実はかなり高緯度にあるわけです。

ヨーロッパで夏の昼間が長かったり、時計を1時間早めるサマータイムが導入されるのは、この緯度の高さに理由があります。

## 「世界遺産」の上位国がズラリ

次いで社会的条件ですが、これもそれほど難しくはありません。

**ヨーロッパは、世界遺産の登録数が世界で最も多い地域**だといわれたら、納得される人は多いでしょう。

では、世界で最も世界遺産の登録数が多い国はどこでしょうか？

それは、イタリアと中国です。表4-2-2からわかるように、文化遺産の数ではイタリアが多く登録されています。国土の広い中国やロシア、アメリカ合衆国の場合、自然環境も多様なため、自然遺産が多いのもうなずけます。

フランスもスペインも、世界遺産の登録数が多く、観光資源には事欠きません。世界遺産は、もともと「有形の不動産」を対象に、今後も大切に残していくために指定されたものですから、観光業の振興とは直接的には結びつきませんが、指定されたことで注目を集めることは事実です。

日本でも、登録をめぐって地元の方たちが集まってその瞬間を見つめる様子がニュースで報道されます。

| 順位 | 国名 | 合計 | 文化遺産 | 自然遺産 | 複合遺産 |
|---|---|---|---|---|---|
| 1位 | イタリア | 55 | 50 | 5 | 0 |
| 1位 | 中国 | 55 | 37 | 14 | 4 |
| 3位 | スペイン | 48 | 42 | 4 | 2 |
| 4位 | ドイツ | 46 | 43 | 3 | 0 |
| 5位 | フランス | 45 | 39 | 5 | 1 |
| 6位 | インド | 38 | 30 | 7 | 1 |
| 7位 | メキシコ | 35 | 27 | 6 | 2 |
| 8位 | イギリス | 32 | 27 | 4 | 1 |
| 9位 | ロシア | 29 | 18 | 11 | 0 |
| 10位 | アメリカ | 24 | 11 | 12 | 1 |
| 10位 | イラン | 24 | 22 | 2 | 0 |

**表4-2-2：世界遺産登録数上位国** 2019年時点。UNESCOのHPより作成。

解答では、自然的条件と社会的条件を問われているので、上記のことをまとめればよいでしょう。

## 余暇と労働時間の長さ

少しここで寄り道をしますが、ヨーロッパというと、長期休暇、いわゆるバカンスを楽しむというイメージがあります。

余暇活動のための時間は、所得水準の上昇によって増加し、観光業の発展をもたらします。

フランスでは、1936年に労働者の年次有給休暇が認められるようになり、現在では4～6週間の休暇を取ります。バカンスが活発となる8月には、パリから人がいなくなるので、会社ごと休業にするところもあるようです。

次の表4-2-3は、主要国の労働時間（週当たりの実労働時間）を比較したものです。

日本は、全産業でだいたい40時間弱ですが、これは、「月曜から金曜まで8時間働く」、というイメージです。アメリカ合衆国も日本とほぼ同じようです。

それと比べて、ヨーロッパは短く、東アジア・東南アジアのNIEsや準NIEs、トルコやメキシコなどの新興国では長い傾向にあることがわかります。

日本では、有給休暇の取得率が低く、労働時間が長いとよく言われます。「サービス残業」という言葉もよく聞きます。

有休取得率が低い背景には、日本がILOの有給休暇に関する条約に批准していないことが挙げられます（有給休暇の繰り越しも認められています）[5]。

| | 全産業 | 製造業 |
|---|---|---|
| オランダ | 31.1 | 35.6 |
| ドイツ | 34.5 | 37.3 |
| フランス | 35.2 | 36.8 |
| イタリア | 35.3 | 38.5 |
| イギリス | 35.7 | 39.5 |
| スペイン | 36.2 | 39.0 |
| アメリカ合衆国 | 37.1 | 40.6 |
| 日本 | 38.3 | 41.6 |
| 韓国 | 40.9 | 43.8 |
| タイ | 44.5 | 49.4 |
| ベトナム | 46.0 | 49.0 |
| シンガポール | 46.3 | 50.2 |
| トルコ | 46.7 | 47.8 |
| マレーシア | 46.7 | 48.6 |
| メキシコ | 47.4 | 45.9 |

表4-2-3：週当たり実労働時間　（2018年；単位は時間）
ILOSTATにより作成。

解答例

⑵夏の陽光に恵まれる温暖な気候のもと、地中海沿岸にはリゾート施設が整備されており、歴史遺産などの観光資源も多いため。（57字）

# 航空機産業にみる国際分業

人の動きの次は、モノの動きです。
航空機メーカーのエアバス社についてみていきましょう。

## 2014年 第3問 設問B(1)

表3－1は、EUの加盟国であるドイツ、フランス、スペインについて、2011年時点でのEU域内相手とEU域外相手に分けた貿易額、および、各国のEU域内相手とEU域外相手を含めた輸出上位品目を示している。なお、貿易収支はそれぞれの輸出と輸入の差額である。

(1) スペインとフランスはいずれも貿易収支が赤字であるが、フランスでは、その赤字の多くがEU域内との貿易で生じている。フランスの貿易で、EU域内との貿易赤字が最も大きいのは機械類や輸送用機器であるが、これらもEU域外との貿易収支は黒字となっている。こうした現象が起こる理由として考えられることを、2行以内で述べなさい。

表3－1

(2011年)

| 国 | EU域内 | | | EU域外 | | | 輸出上位品目 | | | |
|---|---|---|---|---|---|---|---|---|---|---|
| | 輸出 | 輸入 | 貿易収支 | 輸出 | 輸入 | 貿易収支 | 1位 | 2位 | 3位 | 4位 |
| ドイツ | 628 | 572 | 56 | 431 | 330 | 101 | 機械類 | 自動車 | 化学品 | 電気機器 |
| スペイン | 147 | 154 | −7 | 74 | 117 | −43 | 自動車 | 化学品 | 鉄鋼等 | 機械類 |
| フランス | 261 | 348 | −87 | 167 | 169 | −1 | 化学品 | 機械類 | 自動車 | 航空機 |

EUの範囲は2011年時点の27カ国。
単位は10億ユーロ。
Eurostatおよび通商白書2012年による。

## フランスの貿易

問われているのは、フランスの貿易のなかでも機械類や輸送用機器の貿易で、域内に対しては赤字で、域外に対しては黒字の理由です。

フランスというと、ブランド品のバッグやワインなどをイメージする方も多いのではないでしょうか。そのイメージは、日本から見ると、実は正しいです。

日本の輸入の上位には、ぶどう酒もバッグ類もあります。ぶどう酒（ワイン）の輸入額から、日本人のワイン好きが見て取れます。

フランスの機械類や輸送用機器の域外への輸出で代表的なものは、日本の輸入品にもフランス全体の輸出品にもあるように、航空機です。

## 世界最大の旅客機を造っていたエアバス

フランスのというより、ヨーロッパの航空機メーカーといえば、**エアバス社**ですね。アメリカの航空機メーカーのボーイングと並ぶ航空機メーカーで、フランス南西部のトゥールーズに本社があり、大型航空機の製造をしています。

A380という総2階建ての世界最大の大型旅客機について、ニュースや新聞などでご覧になったり、ひょっとしたら実際に乗ったことがある方もいらっしゃるかもしれません。これはまさにPart1でみた、旅客輸送の拡大に対応するための世界の拠点空港間を結ぶ航空機として開発されました。

エアバスが、フランスの貿易とどう関わるのでしょうか。

エアバス社は、1970年にフランスとドイツの航空機メーカーが共同出資して設立された国際協同会社です。その後、イギリスとスペインのメーカーも参加し、世界を代表する航空機メーカーになりました。

4か国が集まった目的は、アメリカ合衆国の航空機メーカーに対抗するためです。航空機のエンジンがプロペラからジェットへと変化する際に、ジェットエンジンの開発には、莫大な開発費が必要であり、1か国のメーカーでは限界がありました。

エアバス社の航空機生産は、各国が航空機の部品を分担して生産し、それをフランスで組み立てるという、**国際分業**によって行われています。

これをフランスの貿易に当てはめてみると、航空機の部品を域内から輸入して、国内で組み立てて完成した航空機を域外の国に輸出している、ということになります。

もう、ご存じの方も多いかもしれませんが、エアバス社は、A380の生産打ち切りを発表しました。A380は最大で868名を収容できますが、それだけの乗客を一度に集めることはなかなか難しかったようです[6)]。

解答では、フランスには域内の周辺諸国と設立したエアバス社の組立工場があり、それらの国々から部品を輸入し、組み立てた完成品を域外に輸出していることをまとめます。

**解答例**

**(1)EU加盟国で設立した航空機の組立工場が立地し、国際分業で生産された部品の輸入が多く、完成品の域外への輸出が多いため。(59字)**

# 自動車産業……「EUの3つのグループ」

ヨーロッパで自動車、というと、おそらくメルセデスやBMW、アウディ、フォルクスワーゲンなどのドイツの自動車メーカーをイメージする人が多いのではないでしょうか。

ここでは、スペインの自動車産業についてみていきましょう。前の問題の続きです。

**2014年 第3問 設問B(2)**

スペインには、世界的に知られている自動車のブランドが見られないのに、自動車が輸出第1位となっている。その理由を、スペイン国内外の状況にふれながら、3行以内で述べなさい。

## スペインの自動車産業について

ここで問われているのは、スペインの輸出1位が自動車となっている理由です。スペインの輸出品目の1位が自動車だということを知っている方は、どれくらいいるのでしょう？

表4-4-1でEUの自動車の生産を見てみると、ドイツに次いで、2位の生産だということもわかります（イギリスはまだこの時点で離脱していないので、ここに入れてあります）。

ではスペインの自動車産業はどう説明したらよいでしょう？

（千台）

| 国名 | 自動車 合計 | うち乗用車 | うちトラック・バス |
|---|---|---|---|
| ドイツ | 5,120 | 5,120 | … |
| スペイン | 2,820 | 2,267 | 552 |
| フランス | 2,270 | 1,763 | 506 |
| イギリス | 1,604 | 1,519 | 85 |
| チェコ | 1,345 | 1,345 | … |
| EU計 | 17,955 | 16,102 | 1,853 |

**表4-4-1：EUの自動車生産**　統計年次は2018年。『世界国勢図会19/20』により作成。

ここでは、問題文に注目しましょう。気をつけなければいけないのは、「スペインには世界的に知られている自動車のブランドがないにもかかわらず」、というところです。

もうひとつは、「スペイン国内外の状況」です。国内と国外の両面からそれぞれ書いていかなければいけません。

どこまでが「世界的に知られているブランド」なのかは個人差があるかと思いますが、高校3年生の知っている範囲と考えてみると、ヨーロッパの自動車メーカーでは、BMWやメルセデス、フォルクスワーゲンなどのドイツメーカーは真っ先に思い浮かぶのではないでしょうか。ほかにもフランスのルノーやシトロエン、イタリアのフェラーリなどもあるかもしれません。

スペインには、1986年にフォルクスワーゲンの傘下に入ったSEAT（セアト）という自動車メーカーがありますが、受験生は知らないでしょう（IbizaやAlhambra、Córdobaなど魅力的な名前の車があります）。たしかに、世界的に知られているブランドをもつメーカーとはいいづらいですね。

出題者は、「世界的に知られている自動車のブランドがない」という語句を入れることで、スペインの国内メーカーを考慮する必要はないと（気付く気付かないは別として）受験生に伝えています。

## スペインのEU加盟と域内格差

表4-4-1で、EUの自動車生産を確認しましたが、上位5カ国のうち、原加盟国は、ドイツとフランスの2カ国しかなく、スペイン、イギリス、チェコは後から入った国です。

EUといえば、人、モノ、資本、サービスの移動の自由を進める、世界でも最も結び付きの強い国家群です。スペインは、ポルトガルとともに1986年に加盟しました。スペイン国内で生産された自動車は、EU市場に域内関税なしで貿易が可能です。

ここで、EU域内の所得水準について見てみましょう（表4-4-2）。

EU加盟国は、大きく分けると3つに分類できます。

1つ目は、ドイツ、フランス、イギリスなどの西ヨーロッパ諸国です。だいたい4万ドルを超える日本とほぼ同程度の、いわゆる典型的な「先進国」といえるグループです。

2つ目は、イタリア、スペインなどの南ヨーロッパ諸国です。だいたい3万ドル前後で、西ヨーロッパ諸国に比べて、すこし低い2番手グループです。

3つ目は、ポーランド、チェコ、ハンガリーなどの東ヨーロッパ諸国です。だいたい1万ドル前後で、2000年代に加盟した旧社会主義国で、EU域内ではもっとも低いグループです。

スペインを整理すると、1986年にEUに加盟した、ドイツなどの典型的な先進国よりも所得が低い国ということになりま

| 国名 | 1980 | 1990 | 2000 | 2010 | 2018 | EU加盟年 |
| --- | --- | --- | --- | --- | --- | --- |
| ドイツ | 13,020 | 21,330 | 26,170 | 44,780 | 47,090 | 原加盟国 |
| フランス | 13,080 | 20,660 | 25,150 | 43,790 | 41,080 | 原加盟国 |
| イギリス | 8,830 | 17,160 | 27,230 | 40,470 | 41,770 | 1973年 |
| イタリア | 8,410 | 18,610 | 21,820 | 37,700 | 33,730 | 原加盟国 |
| スペイン | 6,230 | 12,220 | 15,900 | 32,130 | 29,340 | 1986年 |
| ギリシャ | 6,490 | 9,000 | 13,180 | 27,580 | 19,770 | 1981年 |
| チェコ | | | 6,320 | 19,210 | 20,240 | 2004年 |
| ポーランド | | | 4,690 | 12,630 | 14,100 | 2004年 |
| ハンガリー | | | 4,650 | 13,050 | 14,780 | 2004年 |
| ルーマニア | | 1,710 | 1,700 | 8,430 | 11,290 | 2007年 |
| EU全体 | 8,491 | 14,744 | 19,537 | 35,358 | 35,420 | |
| 世界全体 | 2,603 | 4,187 | 5,430 | 9,328 | 11,124 | (参考) |
| 日本 | 10,670 | 27,560 | 34,980 | 41,980 | 41,310 | (参考) |

表4-4-2：EU主要国の1人当たりのGNIの推移

空欄はデータなし。World Development Indicatorsにより作成。

す。ここで、1980年にさかのぼってスペイン（6,230ドル）とドイツ（13,020ドル）の所得水準を確認すると、スペインはドイツの半分程度だったことがわかります。

「国外の状況」が見えてきました。ドイツの自動車メーカーからすれば、自国よりも安価に労働力が確保できるスペインは、魅力的な進出先です。さらに**ドイツだけでなく、日本やアメリカ合衆国の自動車メーカーも、スペインで自動車を生産すれば、ヨーロッパ市場に関税なしで自動車を輸出できるので、実際に進出が進みました。**

こうした外国の自動車メーカーの進出によって、スペインはヨーロッパ第2位の自動車生産国となっていきます。工業化にともない1980年代から経済発展が進んだスペインをはじめ、南ヨーロッパ地域は、アメリカの北緯37度以南のサンベルトにちなんで、**「ヨーロッパのサンベルト」**ともいわれます。

スペイン国内でも、自動車メーカーが進出したのは、北東部に位置するバルセロナ周辺でした。バルセロナは、サッカーチームだけでなく、ガウディのサグラダファミリアなどがあり、日本でも有名な観光地ですが、地図上の位置を確認してみると、スペインの位置するイベリア半島のなかでもフランスにも近く、ヨーロッパ市場に出荷しやすいところだとわかります。

## スペインの主要産業

次に、「国内の状況」についてです。

輸出品目は、中継貿易の多い国を除けば、その国の国際競争力が強い産業を反映します。スペインは、自国には世界的に知られている自動車のブランドはなく、外国の自動車メーカーの進出によって自動車の輸出が多い国です。

受験生がスペインを学習する際、産業で覚えておきたいことがらは、温暖な夏の陽光のもとでのオレンジ（バレンシアオレンジ）などの樹木作物栽培をしていて、パエリアなどの米料理があり、1つ前の問題で見たように観光業（バルセロナやバカンスを過ごす人を受け入れるイビサ島やマリョルカ島など）がさかんだということです。工業というと、バルセロナの自動車工業とバスク地方の鉄鋼業（ただし鉄山の閉山によって衰退）くらいです。

オレンジなどの農産物はともかく、輸出額が大きくなりそうな工業製品で思い当たるものが、自動車以外にありません。結局、自動車以外に国際競争力をもつものがあまりないため、外国資本による自動車が輸出の1位にきてしまう、ということになります。

## 東ヨーロッパでの自動車生産

ここまでで解答は書けますが、少し時計を進めてみましょう。

先ほどの表で、チェコがヨーロッパで5位の自動車生産国であることに目をとめた方もいるかもしれません。

1990年代後半に入って、先進国の自動車メーカーは、東ヨーロッパ諸国への進出を進めました。もちろん、2000年代のEU加盟を見越してのものです。スペインの所得水準が上昇することで、より所得水準が低くEUに加盟することになる東ヨーロッパ諸国が新たな生産拠点となっていきます。

日本がアジアの進出先をNIEsからマレーシア、タイ、さらには中国、ベトナムと低賃金労働力を求めたように、ヨーロッパでも同じことが起こったわけです。

解答では、国外の状況として、EU加盟をきっかけとしてドイツや日本、アメリカ合衆国などの自動車メーカーが進出したことが結論となり、その背景としてEU域内では関税が撤廃され、EU市場向けの生産拠点として有利なことを挙げます。国内の状況としては、自動車産業以外に、国際競争力の強い産業が少ないことを加えます。

**解答例**

**⑵国際競争力の高い産業が少なく、賃金水準の低いスペインでは、EU加盟を契機に、域内関税のないEU全体を市場としてドイツなどの域内や日米などの域外から自動車メーカーが進出したため。(88字)**

# アメリカ合衆国

## 「世界の警察」をやめ「反グローバル化」の旗手へ？

### 10秒でつかむ！「アメリカ」のツボ

トランプ大統領の登場によって一気にイメージが変わった観のあるこの国は、世界をどうしたいのでしょう？ グローバル化の旗振り役から自国第一主義へと変貌する「世界の縮図」をみていきましょう。

# 「自国第一主義」に向かうアメリカ

## 4年に1度の大統領選挙

トランプ氏が大統領になって4年が経ち、再び大統領選挙が始まりました。

4年に一度の大統領選挙は、アメリカ国内が大いに盛り上がる一大イベントです。ほとんどの国がその結果に注目しているのではないでしょうか。アメリカ合衆国で誰が大統領になるかで、その先4年間が左右されるわけですから、世界は（仲のいい国も悪い国も）ある意味、振り回されます。それだけアメリカ合衆国が、「超大国」だからです。

## NATO離脱を言及する大統領

2019年、トランプ大統領が、ヨーロッパ諸国の防衛費の少なさを理由に、NATO（北大西洋条約機構：North Atlantic Treaty Organization）の離脱に言及するというニュースが流れました(実際に離脱することはありませんでしたが…)。

さらに、2020年に入って　タリバンとの和平交渉によってアフガニスタンから軍を撤退させることがニュースになりました。

中東地域といえば、中東戦争、イラン・イラク戦争、湾岸戦争、イラク戦争、シリア内戦と、ほぼ10年ごとに戦争や紛争が起こっていますが、アメリカ合衆国は、常になんらかのかたちで関わってきました。

2013年、オバマ大統領がシリア内戦への不介入を発言した際に**「世界の警察をやめる」**主旨の発言をしました。（政党が異なっていても）その流れをトランプ大統領は引き継いでいるようです。

もちろんそこには、世界秩序を自国だけで維持するには財政の負担が大きいこともあるでしょうし、Part2でみたように、**中国やロシアの台頭による相対的な地位の低下**もあるでしょう。

## アメリカ第一主義：Make America First Again!

トランプ大統領が集会を開くと、よく流れるフレーズが、“Make America First Again”、いわゆるアメリカ第一主義です。この紙を掲げるたくさんの支持者が映されることもあります。

**2019年9月の国連総会の演説でも、グローバル化を拒否し、自国第一主義を宣言し、話題となりました。TPP（環太平洋戦略的経済連携協定）も、京都議定書に続く温暖化対策であるパリ協定も離脱しました。**

NAFTA（北米自由貿易協定）も見直し、USMCA（米国・メキシコ・カナダ協定：United States-Mexico-Canada Agreement）に変わりました。雇用吸収力の大きい自動車産業については、原産地規制を強化し、最低賃金も決められるなど、自由貿易協定というより、アメリカの産業や雇用を守る側面が強い協定です。

日本の自動車メーカーにも、貿易赤字の解消や国内での雇用創出のために、日本から輸入される自動車に高関税をかけるとともに、アメリカ国内での生産比率を上げるよう求めました（実際には、1980年代の日米貿易摩擦以降、アメリカでの現地生産が進み、アメリカ内製率はかなり高いようですが…）。

こうした背景には、アメリカ国内での産業構造の変化があります。五大湖周辺地域は、デトロイトなど自動車産業などがさかんな重工業地帯でしたが、1970年代以降、衰退が著しいところです。

この地域は、もともと労働組合が強く、民主党支持者が多かったところですが、前回の選挙ではトランプ氏に投票した人が上回りました。

東大では、こうしたアメリカ合衆国の地域性について、リーマンショック時の失業率という観点から問うています[1)2)]。

## 「人種・民族のサラダボウル」と分断

1776年に独立したアメリカ合衆国は、まだ300年の歴史もない新しい国です（1776年といったら江戸時代です）。

東部の13州から始まり、西へ西へとフロンティアを開拓していき、アラスカやハワイまで取り込んで50州からなる世界で3番目に大きな国になりました（図5-0-2参照）。

世界中から多くの移民を受け入れ、人口規模も、中国とインドに次いで3位です。

多様な移民を受け入れるアメリカ合衆国のことを、「人種・民族のサラダボウル」ということがあります。これは、それぞれの民族が独自の文化を保ちながら、互いに尊重し合って共生していくことですが、なかなかうまくいっていないのが現状です。

図5-0-1：50州からなるアメリカ合衆国

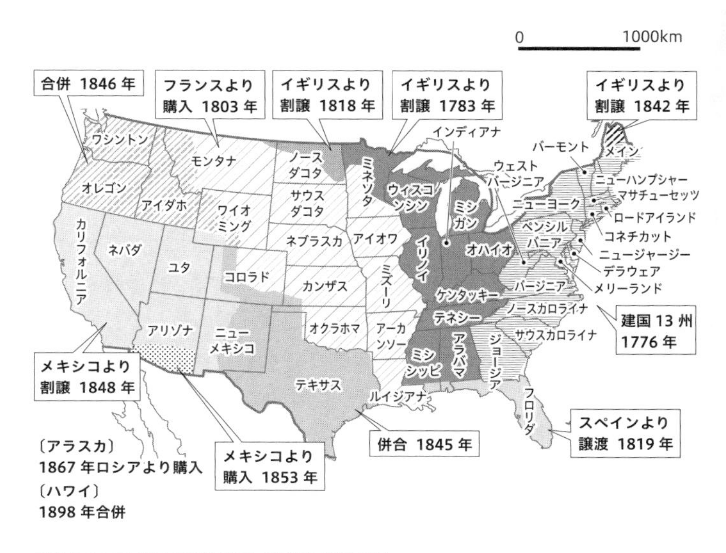


図5-0-2：アメリカ合衆国領土の変遷と行政区分

『図解 地図資料』(帝国書院)より。

人数的には、早い時期の移民の子孫が多いヨーロッパ系白人の割合が最も高く約4分3を占めますが、その割合は年々下がっています。

21世紀に入ってから、流入・出生率ともに高いのは、**ヒスパニック（ラティーノ）**といわれる中南米からのスペイン語を母国語とする人たちで、ヒスパニックはアフリカ系黒人の割合を抜いて、ファーストマイノリティとなりました。

実際には、人種・民族間の格差も大きく、分断が進んでいることがしばしば指摘されます。東大では、人種・民族の住み分け（セグリゲーション）を背景とした都市再開発の問題が出題されました。

ちなみに、前回の選挙で白人の大半はトランプ氏を支持しました(有権者の70%を占め、そのうち58%がトランプ氏に投票)。マイノリティや移民の流入によって、不安に思う人が多いのは、BREXITと似た構図です。

東西冷戦終結以降、自由貿易を進めることで、経済発展がもたらされてきました。アメリカ合衆国は「超大国」として、グローバル化の先頭に立ってきたともいえるでしょう。

ところが一転して、「先進国」に分類されている国で、共通して**「反グローバル化」**を訴える政治家が支持を集めているのは、いろいろ考えるきっかけになりそうです。

# 変わり続ける人口・民族構成

先述のように、アメリカ合衆国は、「人種・民族のサラダボウル」といわれる多民族国家です。

特に21世紀に入って、中南米からのスペイン語を母国語とするヒスパニックの割合は上昇しています。彼らは、どこに暮らしているのでしょうか？

## 2013年 第3問 設問A(2)

図３－１は、2000年代前半における各国の都市および農村の年齢階層別の人口構成比率を図示したものである。

(2) アメリカ合衆国の都市では、30 ～ 44歳の年齢階層と、その子の世代である0 ～ 14歳の年齢階層の間にほとんど差がみられない。このような現象が現れる社会的な理由を、２行以内で述べなさい。

図３－１

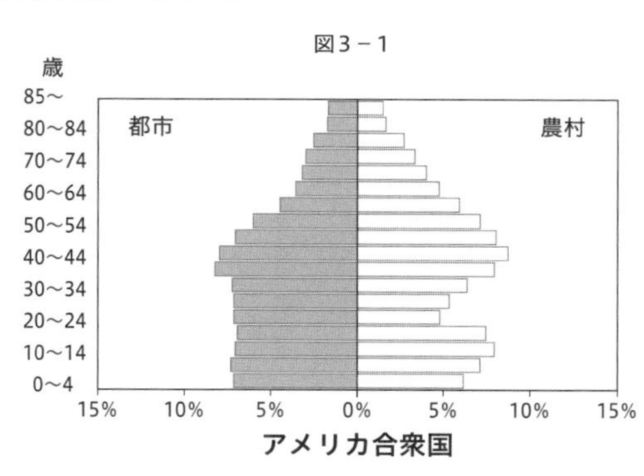

## 人口減少が起こらない先進国

問われているのは、アメリカ合衆国の都市で、30〜44歳の年齢層と、その子供世代の間にほとんど差がみられない社会的な理由です。Part3で、日本と比べた韓国の高齢化について、都市と農村に分けた人口ピラミッドを確認しましたが、それと同じ問題です。

アメリカ合衆国の自治領であるプエルトリコとの電話での通話が多いことが問われた問題でも確認しましたが、今回は、その問題を都市人口という視点で作成されたもの、ということになります。

ヒスパニックは、アフリカ系住民を抜いて、最も多いマイノリティになりました。

先進国では、日本もそうであるように、このままの人口動態が続けば、ほとんどの国で人口が減少していくことが予測されています（表5-1-1参照）。アメリカ合衆国は、先進国のなかで今後も継続的に人口増加が予想されている数少ない国のひとつです。

| | 2020 | 2030 | 2040 | 2050 |
|---|---|---|---|---|
| 先進地域 | 1,273,304 | 1,286,010 | 1,287,350 | 1,279,913 |
| 日本 | 126,476 | 120,758 | 113,356 | 105,804 |
| ドイツ | 83,784 | 83,136 | 82,004 | 80,104 |
| アメリカ合衆国 | **331,003** | **349,642** | **366,572** | **379,419** |
| 発展途上地域 | 6,521,494 | 7,262,477 | 7,911,498 | 8,455,121 |
| 中国 | 1,439,324 | 1,464,340 | 1,449,031 | 1,402,405 |
| インド | 1,380,004 | 1,503,642 | 1,592,692 | 1,639,176 |
| ブラジル | 212,559 | 223,852 | 229,059 | 228,980 |

表5-1-1：おもな国の人口予測

単位：千人
UN Population Prospects 2015により作成。

## 都市に暮らすヒスパニック

では、なぜアメリカ合衆国は、継続的な人口増加が見込まれるのでしょう？

それは、中南米を中心とした途上地域からの移民の流入による社会増加と、その移民の出生率が高いことによる自然増加の両方があります。

導入で見たように、アメリカ合衆国は、まだ300年の歴史も持たない新しい国です。現在の人口は3億人を超えて世界3位ですが、そのほとんどが移民とその子孫です。

次の図5-1-2は、ヒスパニックが全体に占める割合と規模を示したものですが、一貫して増加傾向であることがわかります。

初期の頃は、まだ現在の国土にもなっておらず、西部には広大な「未開のフロンティア」が広がっていました。

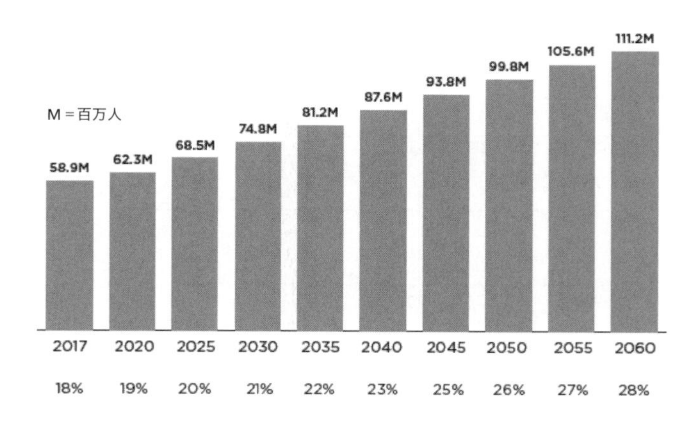


図5-1-2：ヒスパニックの国内人口に占める割合と規模　us census レポートより。

ヨーロッパ系の白人は、開拓しながら領土を西へ西へと拡げていきます。拡げた領土は、主に農場となり、大規模な小麦畑や牧場へと変わっていきました。

しかし、その後に流入してくる新しい移民からすれば、こうした農業地帯は雇用機会も少ないところです。

開拓を終えた後のアメリカ合衆国に流入してくる新しい移民は、当然ですが、雇用機会の多い都市部に多くが流入します。また、途上地域からの移民は、成功のチャンスを求める若者が中心で、多産傾向をそのままアメリカに持ち込み、出生率も高くなります。

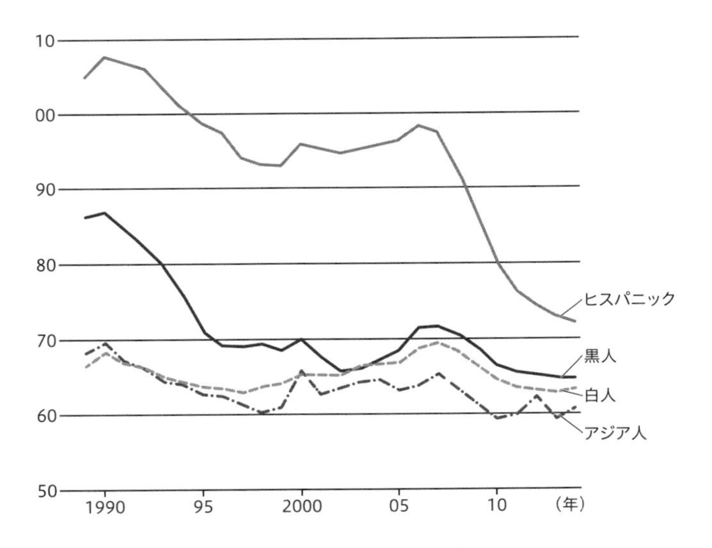


**図5-1-3：アメリカ合衆国の人種・民族別合計特殊出生率**

Children per 1,000 women age 15-44, by race of mother
Surce:National Center for Health Statistics
THE WALL STREET JOURNAL
https://www.zerohedge.com/news/2016-06-10/baby-bust-us-fertility-rate-unexpectedly-drops-lowest-record

図5-1-3は、人種・民族別の合計特殊出生率（１人の女性が一生のうちに産む子供の数）を示したものですが、ヒスパニックは高い水準で推移しているのがわかります。

ヨーロッパ系白人の割合が高い農村地域は、ほかの先進国同様、少子高齢化が読み取れますが、都市部ではヒスパニックを中心とした移民によって、高齢化があまり進んでいない人口ピラミッドを出現させます。

解答では、都市部には、中南米からのヒスパニックが経済的な理由で多く流入していること、そしてこうした移民は、若年層が中心で、出生率も高いことをまとめます。

**解答例**

**⑵ラテンアメリカ出身のヒスパニックを中心に、雇用機会を求めて大都市に流入する若年層が多く、彼らの出生率が高いため。（56字）**

# メガロポリス①
# ……低下する中枢エリア

アメリカ合衆国第一の都市といえば、ウォール街もあり、ブロードウェイのミュージカルなどエンターテインメントが集まっているニューヨークだとすぐに思いつきますが、ニューヨークは北東岸のメガロポリスを形成する都市の一つです。

メガロポリスというアメリカ合衆国の中枢地域についてみていきましょう。

## Q 2016年 第1問 設問B(I)

次の文と表1－1は、アメリカ合衆国の北東部の都市群に関するものである。

アメリカ合衆国の北東部には、北東から南西方向に、ボストン、ニューヨーク、フィラデルフィア、ボルティモア、ワシントンへと、多くの都市が連なっている。この地域の星雲状の都市の連なりをフランスの地理学者ゴットマンは、メガロポリスと呼んだ。

表1－1は、メガロポリスに該当する統計区域を取り上げ、1950年から半世紀にわたる人口の変化を示したものである。この表からは、(a)全米におけるメガロポリスの地位の低下とともに、(b)メガロポリス内部での人口分布の変化を読み取ることができる。

(1) 下線部(a)について、こうした変化が起きた理由について、2行以内で述べなさい。

表1－1

| | 1950年 | 2000年 |
|---|---|---|
| (A) メガロポリス全域の人口（千人） | 31,924 | 48,720 |
| 対全米人口比率（%） | 20.9 | 17.3 |
| (B) うち都市地域人口（千人） | 22,720 | 47,682 |
| (B)／(A)の割合（%） | 71.2 | 97.9 |
| (C) 中心都市人口（千人） | 16,436 | 16,453 |
| (C)／(A)の割合（%） | 51.5 | 33.8 |
| (D) 郊外地区人口（千人） | 6,284 | 31,229 |
| (D)／(A)の割合（%） | 19.7 | 64.1 |

Vicinoほかによる。

## メガロポリスとは

問われているのは、1950年と2000年の50年間におけるメガロポリスの地位の低下の理由です。

たしかにメガロポリス全域の人口は増加していますが、アメリカ全体のなかでは割合が低下していることが読み取れます。

メガロポリスは、ボストンから首都ワシントンD.C.にかけての地域で、**「巨帯都市」**と訳されることがあります。正確に言うと、問題文にもあるように、ボストン、ニューヨーク、フィラデルフィア、ボルティモア、ワシントンD.C.が北から並んでいます。

交通や通信で密接に結ばれ、その国や地域の政治や経済、文化の面で中枢的な役割を果たしているところです。

日本も、メガロポリスになぞられて、東京から京阪神地域にかけての地域を**「東海道メガロポリス」**と言ったりすることもあります。そのほかだと、EUの「青いバナナ（ブルーバナナ）」、韓国のソウル（京城）とプサン（釜山）を結んだ「京釜軸」などが当てはまるでしょう。

## サンベルトの台頭

次の図5-2-1は、アメリカ合衆国の人口重心の移動を示したものです。人口重心というのは、人口の1人1人が同じ重さを持つと仮定したとき、その地域内の人口が全体として平衡を保つことのできる点で、要は、人口のバランスが取れている場所です。

この図からは、現在のメガロポリスの辺りから、西部開拓によって西へと動いていき、その後、1950年からは南へと下がっているのがわかります。もちろんこれは南で人口が増加したからですが、その理由を考えてみましょう。

（1790年から2000年までに1,371㎞移動）

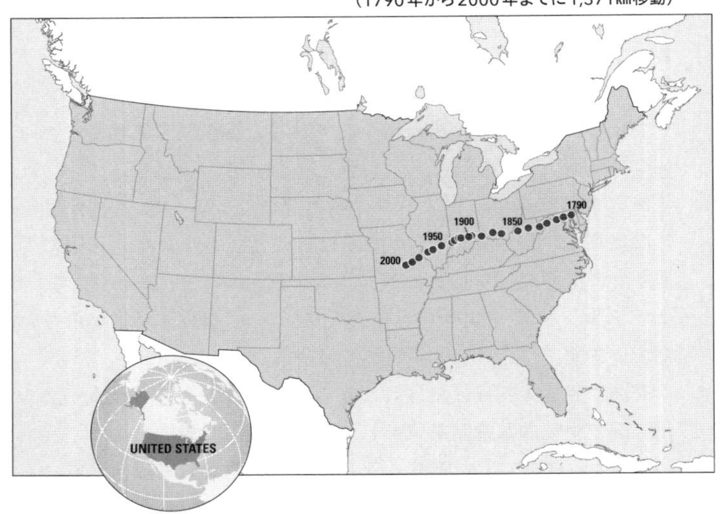


図5-2-1：アメリカ合衆国の人口重心の移動

（注）Geography Division, U.S. Census Bureauによる。
（資料）World Bank, World Development Report 2009
http://honkawa2.sakura.ne.jp/1152.html

1970年代までのアメリカ合衆国の工業は、主に北東部のメガロポリスから五大湖周辺にかけての重工業が中心でした。

ピッツバーグの鉄鋼業、デトロイトの自動車工業といわれたら、すぐに反応できる人も多いでしょう。まさにかつてのアメリカ合衆国の工業化を支えた重工業地域です。

1970年代になってくると、これらの地域は、日本やドイツの台頭によって競争力を失い、衰退していきます。「スノーベルト」とか、「フロストベルト」とか、**「ラスト（錆(さ)びた）ベルト」**と言われることがあります。

その頃から、アメリカ合衆国の北緯37度以南の**サンベルト**といわれるようになる地域や太平洋岸で新しい産業が興りはじめます。

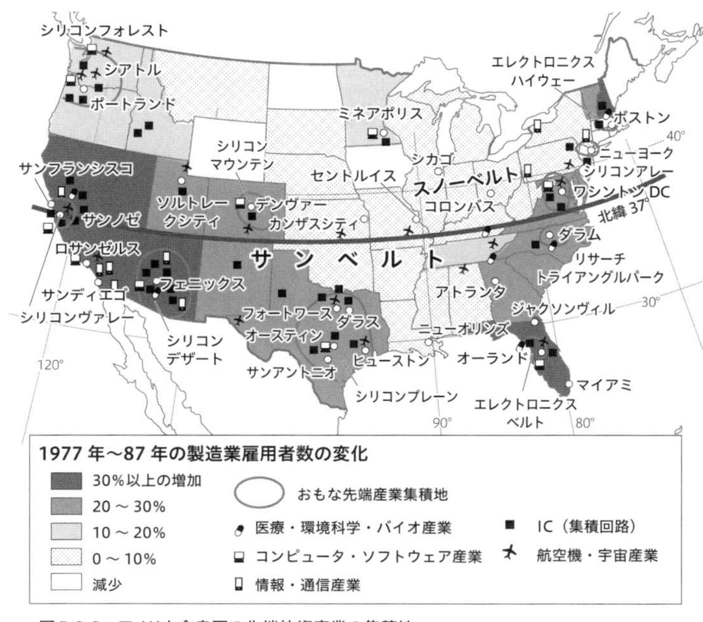


図 5-2-2：アメリカ合衆国の先端技術産業の集積地

『図解 地図資料』(帝国書院)より。

図5-2-2は、アメリカ合衆国の先端技術産業の集積地を示したものです。**シリコンバレー**や**シリコンプレーン**などの先端技術産業の集積地の名前をご存じと思いますが、これらの地域の多くは、サンベルトや太平洋岸にあります。詳しくは後の章で確認しましょう。

先端技術産業がメガロポリスから離れた南部や太平洋岸にあれば、そこへ移動していく人も多くなります。

## ヒスパニックの流入

さらに重心が南へと動いた理由があります。

それは、前の問題でみたヒスパニックの流入です。メキシコからのヒスパニックは、当然メキシコ国境のカリフォルニア州やテキサス州などのメキシコ国境沿いの州に流入してきます。

しかも、これも前の問題で確認したように、ヒスパニックの出生率はアメリカ合衆国のなかでも高かったですね。

**流入も多ければ、出生率も高いので、南部の人口が増加し、メガロポリスの全米に人口に占める割合は低下します。**

解答では、産業ではサンベルトが台頭して人口移動が起こったこと、ヒスパニックが流入し、その出生率が高いことをまとめます。

**解答例**

**(1)サンベルトに企業が移動し人口が増加したことに加え、メガロポリス以外の地域に出生率の高い移民が多く流入したため。(55字)**

# メガロポリス②……進む ジェントリフィケーション

続いて、大都市内部で起こっている変化を、たくさんの横文字でみていきましょう。

## 2016年 第1問 設問B(2)(3)

⑵ 下線部(b)について、どのような変化が生じてきたか、この表から読み取れることを、1行で述べなさい。

⑶ 1980年代後半以降になると、ニューヨークやボストンなどの都市部では、ジェントリフィケーションと呼ばれる新たな変化が生じてきている。具体的に、どのような変化が生じてきているか、3行以内で述べなさい。

## 大都市での郊外化の進展

⑵で問われているのは、メガロポリス内部での人口分布の変化です。これは次の問題をみるための布石のようなものですから、簡単に確認したいと思います。

しかも読み取れることですから、素直に表を読み取りましょう。

問題の表の（B）から、メガロポリスに居住する人が増えたことが読み取れます。

（C）からは、中心都市に居住する人の数は変わっていませんが、割合は低下したことが読み取れます。

（D）からは、郊外地区に居住する人の割合が上昇していることが読み取れます。

（A）で全域の人口が増えていることは先ほど読み取りましたが、そのほとんどが（D）の郊外地区での増加だとわかります。

つまり、中心部ではなく、その周辺の郊外で暮らす人が増えたことで、都市の範囲（大都市圏）が拡大したといえます。

解答では、上記に挙げたことをまとめればよいでしょう。

**解答例**

**⑵郊外での人口増加が進み、都市地域が拡大した。（22字）**

## 郊外に暮らすのはどんな人？

続いて⑶ですが、問われているのは、メガロポリスを形成する都心部で生じている**ジェントリフィケーション**といわれる変化がどのようなものか、ということです。

⑵の続きで少しだけ踏み込みますが、どういう人たちが郊外に暮らしはじめたのでしょうか？

都市の中心部は、昔から開発されてきたところですから、建物の老朽化も進んでいます。こうした都心周辺部の古くからの市街地は、家賃も安いので、マイノリティといわれるヒスパニックやアフリカ系などさまざまな人種・民族が流入してきます。

そのほか、低所得層や高齢者など、いわゆる「社会的弱者」が暮らすようになります。

旧市街地は、失業率が高く、犯罪率が高い傾向にあり、住環境がよいとはいえません。

このように、もともとの市街地で住環境が悪化し、スラム化していくことを**インナーシティ問題**といいます。今は再開発が進んでいますが、ニューヨークのマンハッタン島北部のハーレム地区は、まさにこうしたところの代表例でした。

言葉や慣習が異なることで、それを快く思わない人たちもいるでしょう。

富裕層たちは、安心して暮らせる郊外へと出て行きます。

アメリカ合衆国の場合、富裕層の中心は白人ですから、人種・民族間での分断が生じやすくなります。こうした、人種・民族ごとにかたまって、住む場所が分かれていくことを、**セグリゲーション（住み分け）**といいます。

アメリカ合衆国ではモータリゼーションが進んでいますから、買い物も仕事もすべて郊外で完結できます。郊外で中心部とはあまり関係を持つことなく、自立した都市のことを**エッジシティ**といいます。

こうした都市の中には、周囲を防犯のためにぐるりと柵で囲み、地区の入り口で厳重に出入りを管理する**ゲーテッドコミュニティー**といわれる地区もあります。

こうしたところに暮らす人もいれば、インナーシティのスラムに暮らす人もいるのが、「人種・民族のサラダボウル」を理想とするアメリカ合衆国の現実でしょう。まさに世界の縮図といえます。

## 都心周辺部の「ジェントリフィケーション」とは？

セグリゲーションの結果、アメリカ合衆国のスラムの多くが、都心周辺部に形成され、再開発が進められるようになりました。

それがまさに問題で問われているジェントリフィケーションです。

ジェントリフィケーションは、再開発でも「高級化」などと訳されます。響きはとてもゴージャスな感じがするのですが、どういうことでしょうか？

ただ単にそれまでの古いところを新しく別のものに建て替える、ということではありません。

それまでの老朽化した家屋を一掃したところに、タワマンのような高層建築物を造り、高級住宅地や商業施設を新しく造って、都市の目玉を造ります。

その結果、その場所には、高所得層、しかもある程度若い人たちが流入し、その地区の所得水準、年齢、産業構造などが変化します。イメージとしては、ICT産業（IT産業）などを起業して成功した青年実業家などがタワマンに暮らしているような感じでしょうか…。

ジェントリフィケーションによって都市をバージョンアップし、衰退していた都心周辺部の地区の活性化を図ります。

その一方で、お察しの通り、それまで住んでいた低所得層や高齢者は、住めなくなります。都市の魅力を高めることも重要ですが、そうした人たちへのケアも課題となっています。

解答では、もともと都心周辺部の旧市街地は、家屋の老朽化などによって高齢者や低所得層が多かったこと、その地区をより高次の地区にするために住宅や商業施設が入る高層建築物を建設して、若い高所得層が流入していることをまとめます。

解答例

⑶高齢者や低所得者層が多かった老朽化した旧市街地の建物群を一掃し、高級住宅地や商業施設が入る高層建築などを建設する再開発を進めたことで若者を中心とする高所得層が流入した。（83字）

# リーマンショック……東大が異例の早さで出題！

前回、株価が大幅に下がったのは、2008年のリーマンショックの時でした。当然、不況は雇用にも影響を与えます。

リーマンショックに対しては、東大にしては、それまでになかったくらい早い反応を示しましたが、それだけインパクトが強かったということでしょう。

## Q 2012年 第1問 設問B(1)(2)

次の表は、アメリカ合衆国における地域別および州別の経済指標の変化をみたものである。

(1) 表１は、アメリカ合衆国の10の州を取り上げ、それぞれの州の人口、小麦生産量、とうもろこし生産量、工業製品出荷額、失業率を比べたものである。表１のａ～ｅの州の位置に該当する番号を、図の番号①～⑤から選び、それぞれａ－○のように答えなさい。

(2) 表１にあげた諸州における失業率をもとに、2005年以降の雇用変化の地域的特徴とその要因について、２行以内で述べなさい。

表1

| 州名 | 人口<br>2009年<br>（千人） | 小麦生産量<br>2009年<br>（百万ブッシェル） | とうもろこし<br>生産量2009年<br>（百万ブッシェル） | 工業製品<br>出荷額<br>2008年<br>（億ドル） | 失業率 | |
|---|---|---|---|---|---|---|
| | | | | | 2005年<br>（%） | 2009年<br>（%） |
| （a） | 24,782 | 61 | 255 | 6,439 | 5.4 | 7.6 |
| （b） | 12,910 | 46 | 2,053 | 2,703 | 5.8 | 10.1 |
| ペンシルバニア | 12,605 | 10 | 132 | 2,493 | 5.0 | 8.1 |
| （c） | 9,970 | 39 | 309 | 2,107 | 6.8 | 13.6 |
| オハイオ | 11,543 | 71 | 546 | 2,982 | 5.9 | 10.2 |
| インディアナ | 6,423 | 30 | 934 | 2,208 | 5.4 | 10.1 |
| ケンタッキー | 4,314 | 22 | 190 | 1,141 | 6.0 | 10.5 |
| テネシー | 6,296 | 17 | 87 | 1,386 | 5.6 | 10.5 |
| （d） | 2,819 | 370 | 598 | 843 | 5.1 | 6.7 |
| （e） | 647 | 377 | 200 | 140 | 3.4 | 4.3 |

アメリカ合衆国商務省資料による。

図4

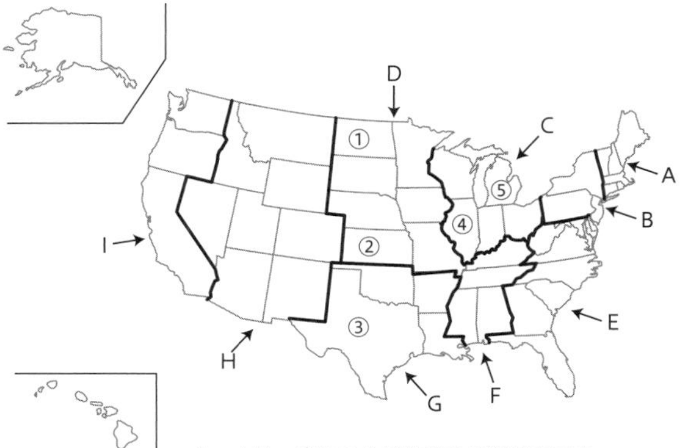

A～Iは、表2の地域名記号の領域を示す。

## 州別の産業

(1)は判定問題です。国土が広いアメリカ合衆国は、州ごとの産業も多様で、しばしば入試でも出題されます。

まずは、問題の表から、図中の該当する州を重ね合わせていきます。この問題では、州境の入った図もあるので、解答は容易でしょう。まずは、157ページの州別地図で50州の名前と位置を確認してみましょう。①がノースダコタ、②がカンザス、③がテキサス、④がイリノイ、⑤がミシガンです。

表5-4-1は、州別の人口と工業に関するデータを、また図5-4-2は、アメリカ合衆国の農業生産を示したものです。

| 州名 | 人口（万人） | 人口増加率（%） | 製造品出荷額（千万ドル） |
|---|---|---|---|
| 北東部 | | | |
| ニューヨーク | **1,975** | 0.48 | 15,137 |
| マサチューセッツ | 675 | 0.79 | 8,048 |
| ペンシルバニア | 1,279 | 0.10 | 23,760 |
| 中西部 | | | |
| イリノイ | **1,288** | -0.01 | **27,528** |
| オハイオ | 1,159 | 0.20 | **29,274** |
| カンザス | 290 | 0.35 | 8,428 |
| ノースダコタ | 74 | 2.22 | 1,340 |
| ミシガン | 991 | 0.14 | 22,120 |
| ミネソタ | 546 | 0.68 | 12,102 |
| 南部 | | | |
| ジョージア | 1,010 | 1.05 | 14,439 |
| ルイジアナ | 465 | 0.52 | **27,012** |
| テキサス | **2,696** | 1.92 | **67,137** |
| フロリダ | **1,989** | 1.74 | 9,218 |
| 西部（山岳） | | | |
| コロラド | 536 | 1.66 | 4,923 |
| ニューメキシコ | 209 | 0.01 | 2,859 |
| アリゾナ | 673 | 1.58 | 5,079 |
| 西部（太平洋岸） | | | |
| カリフォルニア | **3,880** | 1.23 | **49,776** |
| ワシントン | 706 | 1.29 | 11,506 |
| ハワイ | 142 | 1.10 | 769 |
| アメリカ合衆国 | 31,886 | 0.86 | 546,860 |

**表5-4-1：アメリカ合衆国の主な州の人口、人口増加率、製造品出荷額**

人口と製造品出荷額の太字は全米中の上位５州。
統計年次は、人口が2014年、人口増加率が2013-14年、製造品出荷額が2011年。
『データブック　オブ・ザ・ワールド2016』、『地理統計』により作成。

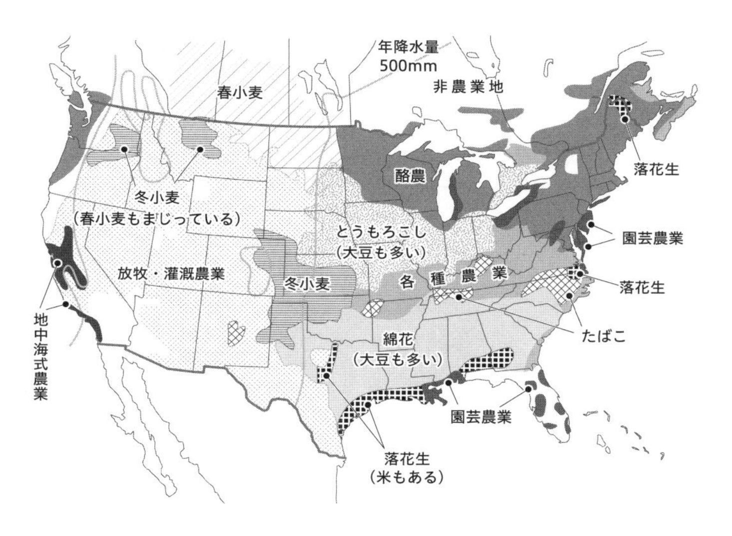


図5-4-2：北アメリカの農牧業地域

帝国書院『図解 地図資料』より。

人口という基本的なデータから、5州のなかで最も人口が多く工業出荷額が多いaがテキサス州、次いで人口が多くとうもろこしの生産が多いbがコーンベルトのイリノイ州です。残った3州のうち工業出荷額が多いcが自動車の街（モータータウン）のデトロイトがあるミシガン州、dとeは、小麦が多いことから農業州のノースダコタ、カンザスで、人口の少ないeがノースダコタ、dがカンザス（とうもろこしも多い）です。

**A 解答**

(1)a−③　b−④　c−⑤　d−②　e−①

## リーマンショックと失業率

続いて(2)で問われているのは、失業率から読み取れる、2005年以降の雇用変化の地域的特徴です。

余談ですが、東大地理で変化を問う問題は、大きな流れを押さえていることが重要なので、スパンは長いものがほとんどです。この問題は、たった4年間という短い期間での変化ですので、異例の短さです（東大の最短スパンです）。

まずは表の読み取りです。読み取る際には、「全体から部分へ」が基本ですから、まず全体を読み取りましょう。

すべての州でそろって失業率が上昇しています。もちろんこれは、世界同時不況ともいわれるリーマンショックの影響です。ちなみに、リーマンショックは和製英語です（**the global financial crisis**や**the 2008 financial crisis**といいます）。

次に、部分である地域的特徴を見てみましょう。失業率の低下が2桁、10%以上となっている特にひどいところが見つかります。

これら、イリノイ、ミシガン、オハイオ、インディアナは、五大湖周辺に位置し、自動車産業や鉄鋼業など重工業が中心となっている州です。ケンタッキー、テネシーも自動車産業が立地しています。

前のところで、北東部の重工業地域を**「スノーベルト（フロストベルト）」**、**「ラスト（＝錆(さ)びた）ベルト）」**と説明しましたが、まさにその地域での失業率の上昇が大きいことがわかります。

リーマンショックの時に、デトロイトに本社を置くビッグスリー（GM、フォード、クライスラー）は、揃（そろ）って経営が苦しくなり、**フォードを除いた2社は、破産法の適用を申請して事実上の国有管理下となった**ことを覚えている方もおられるでしょう。

解答では、全体の失業率の高まりに触れたうえで、特に自動車産業が中心だった五大湖付近の州で失業率が高くなっていることを地域性として指摘します。

**解答例**

**⑵リーマンショックの影響で全国的に失業率は高まったが、特に自動車産業が盛んな五大湖周辺の州で失業率増大が顕著となった。（58字）**

# 産業構造の変化……世界のハイテクをリードする

前の問題の続きで、今度は大きな変化をみていきましょう。

アメリカ合衆国が世界のハイテク産業をリードしていくまでの過程がよくわかる問題です。

## Q 2012年 第1問 設問B(3)

表2は、地域別にみたアメリカ合衆国の製造業被雇用者数および地域別構成比の変化を示したものである。1967年から1987年までの時期(第1期)と1987年から2008年までの時期(第2期)でみられた変化には、どのような違いがあるか、その要因にふれながら、3行以内で述べなさい。

表2

| 地域名記号 | 地域名 | 1967年 | | 1987年 | | 2008年 | |
|---|---|---|---|---|---|---|---|
| | | 製造業被雇用者数(千人) | 地域別構成比(%) | 製造業被雇用者数(千人) | 地域別構成比(%) | 製造業被雇用者数(千人) | 地域別構成比(%) |
| A | ニューイングランド | 1,562 | 8 | 1,350 | 7 | 670 | 5 |
| B | 中部大西洋岸 | 4,360 | 23 | 3,007 | 16 | 1,426 | 11 |
| C | 東北中部 | 5,151 | 27 | 4,186 | 22 | 2,886 | 23 |
| D | 西北中部 | 1,206 | 6 | 1,322 | 7 | 1,173 | 9 |
| E | 南部大西洋岸 | 2,502 | 13 | 3,104 | 16 | 1,884 | 15 |
| F | 東南中部 | 1,092 | 6 | 1,303 | 7 | 1,004 | 8 |
| G | 西南中部 | 1,083 | 6 | 1,432 | 8 | 1,315 | 10 |
| H | 山岳部 | 315 | 2 | 596 | 3 | 589 | 5 |
| I | 太平洋岸 | 2,050 | 11 | 2,650 | 14 | 1,834 | 14 |
| アメリカ合衆国 | | 19,323 | 100 | 18,950 | 100 | 12,781 | 100 |

注　A～Iの数値の合計は、アメリカ合衆国の数値と一致しないことがある。
アメリカ合衆国商務省資料による。

## 第1期（1970年代から90年）の変化

問われているのは、2つの時期の製造業被雇用者数と割合の変化、その背景ですが、まずは第1期を見ていきましょう。ここでは、「雇用者数」と「割合」、つまり規模と割合の両方に注目する必要があります。

第1期は、ほぼ1970年代から1990年となります。

もうご存知の通り、この時期、スノーベルト（フロストベルト、ラスト（＝錆びた）ベルト）といわれる北部の重工業地域が停滞し、南部のサンベルト（北緯37°以南とカリフォルニアの15州）で先端技術産業の立地が進みました。

問題の表では、全体の被雇用者数はあまり変化していませんが、A〜C（スノーベルト）の割合が下がり、E〜I（サンベルトや太平洋岸）の割合が上昇しているのが読み取れます。

北部のスノーベルトでは、もともと設備の老朽化や資源の劣化・枯渇、高い労働賃金に加え、日本やドイツなど戦後復興を経て、ものづくりが得意な国が台頭してきます。

1970年代には、石油危機がありました。原油価格の高騰によって、日本の自動車メーカーは低燃費の小型車開発を進めて輸出を伸ばし、大型車中心のアメリカ合衆国の自動車メーカーが打撃を受けます。ちょうど、デトロイトの労働者に日本車が壊される映像が報道されたのは（**「ジャパン・バッシング」**といわれました）、この時期です。

それに対して、この時期、南部や太平洋岸はまだ開発の余地が大きかった場所です。

南部やカリフォルニア州は、まずなにより温暖な気候に恵まれています。広くて安価な工業用地に恵まれ、安い労働力も確保でき、メキシコ湾岸やカリフォルニア州は原油も産出します。

安い労働力といえば、賃金だけでなく、労働組合の組織率の低さもありました。北部は労働組合の組織率が高いため、トータルでのコストが高くなります。リーマンショック時にビッグスリーの経営が行き詰まった理由の1つに**レガシーコスト**（負の遺産：定年退職した人への年金や医療費などの金銭的な負担）が大きかったことがありましたが、これも労働組合の組織率の高さに由来します。

## 宇宙センター、Apple……ハイテク産業の立地

また、1960〜70年代は、先進国で鉄鋼や化学などの重厚長大型産業から、エレクトロニクスなどの軽薄短小型産業へと産業構造の転換が進んでいく時期にも重なります。

東西冷戦のさなか、ソビエトとの間で宇宙開発競争が進められていくなかで、**NASAのジョンソン宇宙センター**（テキサス州ヒューストン）が設立されたのは1961年、スペースシャトルの打ち上げで有名な**ケネディ宇宙センター**（フロリダ州ケープカナヴェラル）ができたのは1962年です。

こうした国による立地政策に加えて、州政府による誘致政策もあり、新しい産業は、北東部ではなく、サンベルトをはじめとする南部や太平洋岸での立地が進みます（167ページ参照）。

**この時期、Intel（1968年）、Microsoft（1975年）、Apple（1976年）と次々にお馴染みの企業が設立されます**（どれも今では「巨人」扱いされていますが、当時はもちろんベンチャー企業でした）。

**こうした企業が興ったのは、いずれもカリフォルニア州やワシントン州などの太平洋岸です。**

新しい産業は新しい場所でスタートする、というのは、国土の広いアメリカ合衆国らしいところといえるでしょう。

アメリカ合衆国の先端技術産業の集積地には、シリコンバレーのように呼称、いわゆるニックネームがついていますが、デンヴァー一帯はロッキー山脈の麓にあって**シリコンマウンテン**、フェニックス一帯は乾燥しているので**シリコンデザート**といわれます。

ほかにも、シアトル一帯は**シリコンフォレスト**（森）、ダラスとフォートワース一帯は**シリコンプレーン**（平原）、ニューヨークのコンテンツ産業が集まる一帯は**シリコンアレー**（小径）など、その地域や場所をイメージさせる呼称がついています。アメリカの広大な自然や多様性を反映したものといえるでしょう。

## 第2期（1990年代〜2010年代）の変化

では次に、1990年代から2010年代までの20年間（第2期）についてみていきましょう。

1990年代といえば、東西冷戦が終わり、経済のグローバル化が拡大した時期です。問題の表からは、あまり地域別の構成比では変化がないことが読み取れる一方で、被雇用者数全体が減少していることがわかります。

ただし、ここはリーマンショックが直接的な原因ではありません。「第2期」の終点が、リーマンショックの影響がまだ出ていない2008年であることに注意しましょう。20年というスパンで考えてみると、先進国共通の理由が見えてきます。

日本では、1980年代の円高による輸出競争力の低下もあり、安価な労働力を求めて中国や東南アジアへと生産拠点を移転させました。アメリカ合衆国やドイツなどほかの先進工業国でも生産拠点は移転が進みます。

Part3でAppleのサプライヤーリストに触れましたが、部品の供給はほとんどが東・東南アジアであり、生産拠点はすべてが労働賃金の安い中国でした。Apple自体、**ファブレス企業**であり、量産部門は持っていませんでしたね。

それと同時に、第2次産業から第3次産業へと**サービス経済化**が進みます。製造業から見れば、雇用の減少を招きます。

解答では、第1期については、製造業のなかでの産業構造の転換を、北東部のスノーベルトから南部や太平洋岸への工場の移転とその理由とともにまとめ、第2期では、製造業からサービス業への転換による製造業自体の雇用の減少をまとめます。

**解答例**

**(3)第1期はスノーベルトから賃金が安く広大な用地や資源が得やすいサンベルトへ工場の移転が見られ、第2期は製造業の海外移転が進む一方、サービス経済化が進展し、全国的に雇用者数が減った。(89字)**

# 中西部の人口分布……東大のセンスが光る！

最後に、アメリカ合衆国の中西部についてみていきましょう。

この問題は、個人的にはとても東大らしい問題だと思います。頭の体操だと思って、お付き合いください。

## 2016年 第1問 設問A(3)

図１－１は、2000年におけるアメリカ合衆国本土(アメリカ合衆国のうちアラスカ州とハワイ州を除く範囲)の人口分布を示した地図である。同国の国勢調査で使用されている集計単位ごとに、人口密度が高いほど色が濃くなっている。地図には人口密度の情報のみが示されており、海岸線、湖岸線、国境線、道路などの他の情報は示されていない。

(3)　図１－１から読み取れるアメリカ合衆国中西部における人口分布の空間的パターンの特徴と、その特徴が生み出された背景について、下記の語句をすべて用いて３行以内で述べなさい。語句は繰り返し用いてもよいが、使用した箇所には下線を引くこと。

　　交通　　集落　　農業

Harry Kaoによる。

図1－1

## 中西部って、どこ？

問われているのは、図から読み取れる中西部の人口分布の空間的パターンの特徴とその背景です。

まずは、図の読み取りですが、そもそも中西部とはどこなのか、確認しておきましょう。

アメリカ合衆国の地域区分（図5-6-1参照）は、西部を太平洋岸と山岳地域に分けることもありますが、おおむね4地域に分けられます。

中西部は、五大湖の西側から、先ほど確認した西経100度くらいまでの北側半分ということになります。気をつけないといけないのは、ロッキー山脈などの山岳地域と太平洋岸は西部となります。南部、というのも4方位の南ではなくて、主にかつては綿花やタバコの栽培をしてきたところで、「歴史的」な意味合いが加わります。

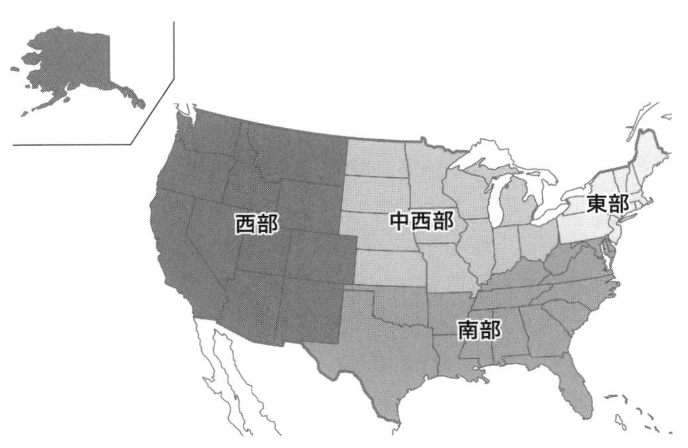


図5-6-1：アメリカ合衆国の地域区分
http://high.ryugaku.ne.jp/knowledge/system/ushighschool/aboutmap

## 図の読み取り＝規則性を見いだす

図の読み取りをしましょう。

人口分布の「空間的パターン」ですから、図からどこに人口密度の高いところがあるのかだけでなく、パターン＝規則性をみつける必要があります。

図からは、人口密度の高いところの点が、大きなものや小さなものも含めて、ほぼ等間隔になっているのが読み取れるでしょうか。それが読み取りの答えです。

人口分布のパターンは、「人口が密集する都市や集落が等間隔に広がっている」ということが読み取れました。

考えるべきは、こうしたパターンとなる背景です。指定語句から、「農業」や「交通」、「集落」が関係していることはわかりますが、どうしたらよいでしょう。

## タウンシップ制……中西部の開拓村落

時代はさかのぼりますが、19世紀に入って、中西部の開拓を促すために行われたのが、**タウンシップ制**です。

タウンシップ制は、6マイル四方の土地を1タウンシップ、その中の1マイル四方を1セクションとし、入植者には1セクションを4分割した1/4セクション（半マイル四方）を安く払い下げるという、公有地の分割制度です。

1つの農家は、半マイル四方（≒約65ha）の土地を手に入れますが、広大な土地に家を建てるわけですから、家々の距離が離れることは想像できます。

このように、家々が1戸ごとに点在している集落の形態を、散村といい、居住地のすぐ近くに農地が配置できるので、農業の効率がよいという利点があります。

##  都市はどういう場所にできる？

では、散村が広がる中西部の農業地帯で、人口密度の高いところが等間隔に配置されるのはなぜでしょう？

65haの広い土地で農業を行う農家の人たちは、農作物を売ることを前提に生産します。また、生産された農作物は、東部の大都市や輸出向けに沿岸部へと輸送されます。もちろん、農産物を販売したお金で、生活に必要なものを購入する必要があります。

つまり、農産物の集散地や、農家に財やサービスを供給する都市的な機能を持った場所が、農家がたどり着けるところになければ、農家の人たちは売ることも買うこともできません。

しかも、こうした都市的な機能を持った場所は、あまり近くにありすぎると競争が生じ、淘汰も起こりますから、一定の距離を保って立地することになります。

都市的な機能を持った場所は、具体的にどのような場所でしょうか。当然、物流に便利な鉄道や自動車、船舶が集まる交通の結節点となります。

人口密度の高いところが等間隔に分布する背景も見えてきました。この問題が東大らしいと思うのは、具体的なアメリカ中西部を例に、等間隔な集落立地という規則性まで踏み込んで問うているところです。

市場が面的に広がる空間（完全に均質なものは現実にはあり

ませんが）においては、同等の財やサービスを提供する中心地は、消費者の移動できる範囲内で、競争も経ることで等間隔に立地する、という考え方（中心地理論）があります。

もちろん、現実と理論は異なりますが、散村という人口がまばらに分布するアメリカ中西部に、中心地理論を当てはめてみる（演繹(えんえき)する）ことで、解答への手がかりが見えてきます。新大陸のアメリカ合衆国だからこそ、それが可能だったともいえるでしょう。

理論はしばしば机上の空論でしかなく、ケースバイケースの現実に当てはめることは難しいと考えられがちです。しかし、こうした理論を当てはめられるアメリカ中西部を見つけたうえで、それを入試問題として受験生に問う出題者のセンスのよさに、感心させられた問題でした。

解答では、人口密度の高い都市が等間隔に分布している、というパターンを結論とし、背景にタウンシップ制によって開拓された農業地帯である中西部には散村が広がり、農産物の集散地や財・サービスの供給地が、交通の便のよい結節点に立地することをまとめます。

**解答例**

**⑶タウンシップ制による開拓が進んだ農業地域で散村の集落形態が卓越するなか、農産物の集散地となる河川や鉄道交通の結節点に都市機能が集まり形成された大規模な集落が等間隔に分布している。(89字)**

# SDGsと人類の未来

## 世界が直面する、今ここにある危機

### 10秒でつかむ！「SDGs」のツボ

地球温暖化、エネルギー問題、貧困など、世界はさまざまな問題に直面しています。ここでは「正義の味方」になって、解決方法を考えてみましょう。

# 国連が定めた目標

## 2030年に地球があるべき姿

少し大げさですが、地球で生きる人類の一人として、地球や人類のこれからについて少し考えてみましょう。

まずは、MDGs、と言われて、ピンとくる方はどれくらいいらっしゃるでしょうか。

MDGs（Millennium Development Goals）は、2001～15年に国連が定めた「ミレニアム開発目標」で、貧困や飢餓、南北問題、紛争などの諸問題の解決や女性の地位向上といった発展途上国での開発目標を定めたものです。発展途上国の開発を想定したものなので、あまりなじみがないかもしれません。MDGsは国連の専門家主導で策定されたもので、発展途上国からは反発もあり、盛り上がりに欠けました。

その一方で、図6-0-1にあるような、ピクトグラムの入った17のモザイクタイルのような図や、図右下のカラフルなバッジをスーツの襟に付けた人を見かけることはあるのではないでしょうか。もしくは、こうしたバッジを付けて仕事をされている方もいらっしゃることでしょう。

これは、国連がMDGsに代わって、2016年からの15年間、つまり2030年までに定めた**SDGs**（Sustainable Development Goals)、「持続可能な開発目標」です。

MDGsに比べて、SDGsが盛り上がっているのはなぜでしょう？

発展途上国だけでなく、先進国も含めた地球全体の目標として**「持続可能な社会」**の理念が強調されることになりました。

少数民族や社会的弱者を含めて「誰一人取り残さない（No one left behind)」社会を目指します。

MDGsでは発展途上国の「絶対的貧困」の削減を目標としましたが、**先進国でも国内の格差が広がり、「相対的貧困」が問題となっています。**

SDGsは、先進国も含めた世界全体で解決すべき問題をクローズアップしたものです。**発展途上国だけでなく、先進国も含む全世界を巻き込んだ目標なので、日本でも話題になったわけです。**

しかし、SDGsが盛り上がっているのは、それだけではありません。そのことは後に回すとして、まずは、SDGsがどのようなものか確認しましょう。

図6-0-1：SDGsの17の大きな目標

## 17のゴール（目標）と169のターゲット（達成基準）

SDGsは、図からもわかるように、17の大きなゴール（目標）があります。そのゴールの達成については、具体的なターゲット（達成基準）が169あり、さらにこれらターゲットを達成したかについての数値目標が244（重複を含めます）あります。詳細について興味がある方は、国連や外務省のHP[1)2)]をみてください。

17の大きなゴール（目標）にどのようなものがあるのか、簡単にみてみましょう。

**1. 貧困をなくそう**
あらゆる場所で、あらゆる形態の貧困に終止符を打つ

**2. 飢餓をゼロに**
飢餓に終止符を打ち、食料の安定確保と栄養状態の改善を達成するとともに、持続可能な農業を推進する

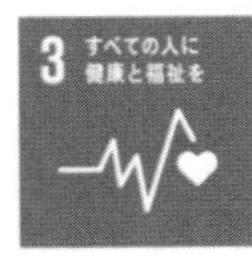


**3. すべての人に健康と福祉を**
あらゆる年齢のすべての人の健康的な生活を確保し、福祉を推進する

**4. 質の高い教育をみんなに**
すべての人に包摂的かつ公平で質の高い教育を提供し、生涯学習の機会を促進する

**5. ジェンダー平等を実現しよう**
ジェンダーの平等を達成し、すべての女性と女児のエンパワーメントを図る

**6. 安全な水とトイレを世界中に**
すべての人に水と衛生へのアクセスと持続可能な管理を確保する

1段目の1〜6は、貧困や飢餓、健康、教育、女性の地位向上、衛生など発展途上国が直面している課題の解決が中心です。

しかし、日本でも格差の拡大による「相対的貧困」が指摘されていますし、ジェンダーの平等を示す**「ジェンダー・ギャップ指数」**（Global Gender Gap Report 2020[3)]）は、前年から順位を下げて153か国中121位（前年は110位）になるなど、当てはまるものがないわけではありません。

**7. エネルギーをみんなに そしてクリーンに**
すべての人々に手ごろで信頼でき、持続可能かつ近代的なエネルギーへのアクセスを確保する

**8. 働きがいも経済成長も**
すべての人のための持続的、包摂的かつ持続可能な経済成長、生産的な完全雇用およびディーセント・ワーク（働きがいのある人間らしい仕事）を推進する

**9. 産業と技術革新の基盤をつくろう**
強靭なインフラを整備し、包摂的で持続可能な産業化を推進するとともに、技術革新の拡大を図る

**10. 人や国の不平等をなくそう**
国内および国家間の格差を是正する

**11. 住み続けられるまちづくりを**
都市と人間の居住地を包摂的、安全、強靭かつ持続可能にする

**12. つくる責任 つかう責任**
持続可能な消費と生産のパターンを確保する

2段目の7～12は、エネルギーシフトや国内の格差解消、まちづくりから技術革新、社会的責任など、先進国にも関係する目標が出てきます。

**13. 気候変動に具体的な対策を**
気候変動とその影響に立ち向かうため、緊急対策を取る

**14. 海の豊かさを守ろう**
海洋と海洋資源を持続可能な開発に向けて保全し、持続可能な形で利用する

**15. 陸の豊かさも守ろう**
陸上生態系の保護、回復および持続可能な利用の推進、森林の持続可能な管理、砂漠化への対処、土地劣化の阻止および逆転、ならびに生物多様性損失の阻止を図る

**16. 平和と公正をすべての人に**
持続可能な開発に向けて平和で包摂的な社会を推進し、すべての人に司法へのアクセスを提供するとともに、あらゆるレベルにおいて効果的で責任ある包摂的な制度を構築する

**17. パートナーシップで目標を達成しよう**
持続可能な開発に向けて実施手段を強化し、グローバル・パートナーシップを活性化する

最後の3段目は、気候変動対策や平和、海や陸の生物多様性の保護や持続可能性の維持、国際協調など、まさに先進国も発展途上国もなく、地球全体で取り組むことが必要な目標が並ん

でいます。
　これらのゴール（目標）を見て、お気づきかもしれませんが、1つ1つで独立しているものではなく、相互に関連しているため、解決にはいくつかを組み合わせていくことが求められます。

## いいことをするとビジネスチャンスが広がる

　日本でもかなり盛り上がっている理由を確認しましょう。
　それは、こうしたSDGsがビジネスチャンスにつながるためです。『SDGs入門（村上芽・渡辺珠子著：日経文庫・2019年）』では、経営者がSDGsを気にする理由として、
　①新事業開発や既存事業の拡大につながる
　②新たな人材獲得のための武器になる
　③コミュニケーションツールとして有効
　の3つを指摘しています[4)]。
　こうした、「社会や地球に貢献すること」が「経済的な利益」につながるのは、とてもいいことだと思います。

　地球的課題の解決を個人の良心や倫理に頼っていては、やはり限界があります。京都議定書の京都メカニズムも、排出権取引やクリーン開発メカニズム、共同実施などを導入することで温室効果ガスの削減に取り組みました。

　SDGsのほかに、**ESG**という言葉も最近よく目にするようになってきました。Environment（環境）・Social（社会）・Governance（企業統治）の頭文字を並べたものですが、利益や資産などの数値ではなく、環境問題への配慮・取り組みや社会への貢献（地域との関わり、労働条件の改善、女性活躍の推進など）、企業統治（不祥事を防ぐ経営）といった、見えない

価値に目を向けるものです。

実際に、SDGsやESGをテーマにした投資信託も増えています[5)]。一度検索してみてください。

「社会に対する貢献度」をどう評価するかは難しいかもしれませんが、「環境への負荷が大きな産業」や「環境に配慮していない企業」に対して、投資家の目は今後厳しくなるはずです。

一例を挙げるならば、2020年1月15日の日本経済新聞に、『米ブラックロック、ESG軸の運用強化　石炭向け削減』という記事が出ました[6)]。ブラックロックは、運用資産7兆ドルという世界最大の運用会社です。

最高経営責任者（CEO）は企業向け書簡の中で、「気候変動リスクは投資リスクであると投資家は認識するようになった」と指摘し、「予想以上に近い将来、投資資産の大幅な入れ替えが起こる」と宣告しました。

具体的には、投資先企業が直面する気候変動リスクについての情報開示を怠った場合、その企業の決定に株主として反対票を投じる構えであると強調したほか、2020年半ばまでに石炭関連会社への投資を大きく減らす方針を明らかにしました。

またESG関連の上場投資信託（ETF）の数を倍増するそうです。

この記事は、気候変動つまり地球的課題をもたらす石炭関連会社への投資を手控える、というものです。これに限らず、お金が絡んでくれば、利益を求めて（もしくは不利益を避けるために）、動かなければいけないと思う人たちはいるはずです。

2030年までにどこまで目標が達成されているのかは、人間の行動次第ですが、経済活動を通して改善が進んでいくことは、大きな推進力になるでしょう。

# 化石燃料と再生可能エネルギー

産業革命以降の化石燃料の消費増加にともなう地球温暖化の進行が、世界規模で取り組むべき問題として話題になっています。

もちろん、受験地理でも、こうした環境問題は頻出分野で、東大でも人間活動にともなう環境問題として、しばしば取り上げられます。

ここではまず、世界最大のエネルギー消費国だった（過去形ですが…）アメリカ合衆国について、化石燃料と再生可能エネルギーについてみていきましょう。

## Q 2014年 第1問 設問A(1)(2)

人間活動に必要なエネルギーのほとんどは、化石燃料の燃焼によってまかなわれている。しかし化石燃料への依存は、燃焼の際に発生する二酸化炭素(a)による地球温暖化などの問題がある。そうしたことから、太陽や地熱など自然のエネルギーや植物を利用したエネルギーの利用(b)が拡大しているが、化石燃料を代替するまでには至っていない。

(1) 下線部(a)について、表1－1は、2010年に二酸化炭素排出量が世界でもっとも多かった上位5ヶ国を、その世界の排出量に占める割合と、それぞれの国の1人あたり排出量とともに示したものである。(ア)～(エ)の国名を、ア－○

のように答えなさい。

表1－1

| 国 | （ア） | （イ） | （ウ） | （エ） | 日本 |
|---|---|---|---|---|---|
| 二酸化炭素排出量比（%） | 24.4 | 17.7 | 5.4 | 5.3 | 3.8 |
| 1人あたり排出量（トン） | 5.6 | 17.4 | 1.4 | 11.4 | 9.1 |

日本エネルギー経済研究所資料による。

(2) 下線部(b)について、植物を利用したバイオマス燃料の燃焼は、バイオマスが再生産されれば、地球温暖化にはつながらないとみなされている。その理由を下記の語句をすべて用いて2行以内で述べなさい。語句は繰り返し用いてもよいが、使用した箇所には下線を引くこと。

光合成　　二酸化炭素

## 二酸化炭素排出量の世界上位国は？

まずは統計問題です。選択肢ではなく、記述式なので戸惑うかもしれませんが、東大はこうした知識を問う問題では、それほど難しいものが問われることはありません。

温室効果ガスとして有名な二酸化炭素は、ご存じのように、化石燃料の利用によって排出されます。世界のエネルギーのほとんどは化石燃料によってまかなわれているため、二酸化炭素排出量は、一般に、その国の経済規模にほぼ比例します。

また、1人当たり排出量が大きな手がかりになります。1人当たり排出量は、経済発展の度合いに応じて増加します。自家用車が普及していくモータリゼーションや冷暖房など生活水準の向上によって、エネルギー消費量も増加します。

5位の日本をヒントに、日本よりも全体で二酸化炭素排出量が多そうな国、そのなかでも日本よりも1人当たり排出量が多そうな国を2つ、少なそうな国を2つ、想像できればよいわけです。

前回もこの問題を扱ったので、解答は簡単に確認しましょう。

1人当たりの二酸化炭素排出量が日本より少ない（ア）と（ウ）が、中国とインドで、規模が大きく１人当たりも多いアが中国、少ない（ウ）がインドです。

一方、1人当たりの二酸化炭素排出量が日本より多い（イ）と（エ）がアメリカ合衆国とロシアで、規模が大きく１人当たりも（きわめて！）多い（イ）がアメリカ合衆国、少ない（エ）がロシアです。

**解答**

**（1）（ア）―中国　（イ）―アメリカ合衆国**
**（ウ）―インド　（エ）―ロシア**

## 30年前の約3倍になった中国とインド

ここで、取り上げるべきは、その後の変化でしょう。

次の図は、地球温暖化防止についての京都会議（気候変動枠組条約第3回締約国会議；1997年）で採択された京都議定書が基準年とする1990年と、前回示した2012年、そして最近の2016年における二酸化炭素排出量の上位国について示したものです。

上位国の変化も注目ですが、1990年に比べて、**世界の二酸化炭素排出量が1.5倍以上に増えている**ことにも驚きです。そ

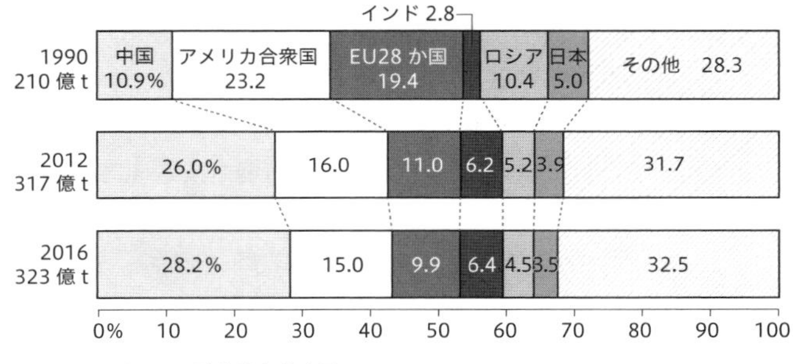


**図6-1-1：世界の二酸化炭素排出量** 『世界国勢図会』により作成。

してなにより、問題の2012年と比べても、中国、インドのシェアがどんどん大きくなっている一方で、アメリカ合衆国やEU、日本など先進国に分類される国や地域のシェアが低下していることがわかります。

次の表6-1-2は、二酸化炭素排出量上位7か国の総排出量と1人当たりの排出量を示したものです。**中国とインドは国全体の総排出量が3倍前後に増加しています。**1人当たり二酸化炭素排出量も、中国では特にすごいことになっています。ここでも中国の存在感が大きくなっていることがわかります。

| | 総排出量(百万トン) | | | 1人当たり(トン) | |
|---|---|---|---|---|---|
| | 1990 | 2016 | 増減率(%) | 1990 | 2016 |
| 中国 | 2,109 | 9,102 | 331.6 | 1.85 | 6.57 |
| アメリカ合衆国 | 4,802 | 4,833 | 0.6 | 19.20 | 14.95 |
| インド | 530 | 2,077 | 291.9 | 0.61 | 1.57 |
| ロシア | 2,163 | 1,439 | −33.5 | 14.59 | 9.97 |
| 日本 | 1,041 | 1,147 | 10.2 | 8.42 | 9.07 |
| ドイツ | 940 | 732 | −22.1 | 11.85 | 8.88 |
| 韓国 | 232 | 589 | 153.9 | 5.41 | 11.50 |

**表6-1-2：二酸化炭素排出量の上位国** 『世界国勢図会』により作成。

中国やインドでは、化石燃料の中でも石炭の利用割合が高かったり、設備も更新が進まず、二酸化炭素の排出を抑制する技術が普及していなかったりと、これから削減する余地がまだ大きいはずです。経済発展を持続しながら環境対策も同時に進める、というまさにSDGsが求められています。

## バイオマス燃料の環境への負荷

次は、バイオマス燃料についてです。バイオマス燃料は、化石燃料と比べて、どうSDGsにつながるのでしょうか。

⑵で問われているのは、植物を利用したバイオマス燃料の燃焼が、再利用されれば、地球温暖化につながらないとみなされている理由です。

バイオマス燃料について確認しましょう。バイオマスは、「生物体」のことであり、木くずや廃材、とうもろこし、サトウキビなど植物資源や家畜の糞尿などに由来するエネルギーです。植物を発酵してつくられた**エタノール**（エチルアルコール）は有名ですが、廃材からつくられる**ペレット**などの固体燃料もあれば、糞尿からつくられる**メタンガス**などの気体燃料もあります。

⑴で問われていた化石燃料と、バイオマス燃料はどこが違うのでしょうか。

そもそも化石燃料の「化石」とは、どのようなものかを考えてみるとわかりやすいかと思います。化石といえば、恐竜やマンモスの骨が「化石」となって発見されたりします。化石は、日本では「石に化ける」と書きますが、英語ではfossilであり、もともとは「掘り出されたもの」という意味です。

石炭は古代の植物が、原油は水生の微生物の遺骸が、それぞれ長い年月をかけて圧力や地熱の影響を受けて生成されたものといわれます。いずれも現在は、炭化して地中に埋まっていたものです。

地中に埋まって、地球内部に貯えられていた炭素分が、産業革命以降、大規模に地表に掘り出され、燃焼によって酸素と結びつき、二酸化炭素となって大気中に大量に放出されてきました。

## 世界の気温は上昇している

次の図6-1-3は、世界の年平均気温の基準値（1981〜2010年の30年平均値との差）からの偏差を示したものですが、19世紀末から振幅はあるものの、年平均気温は上昇傾向にあることが読み取れます。長期的には**100年当たり0.74℃の割合で上昇**し、特に1990年代半ば以降、高温となる年が多くなっています。

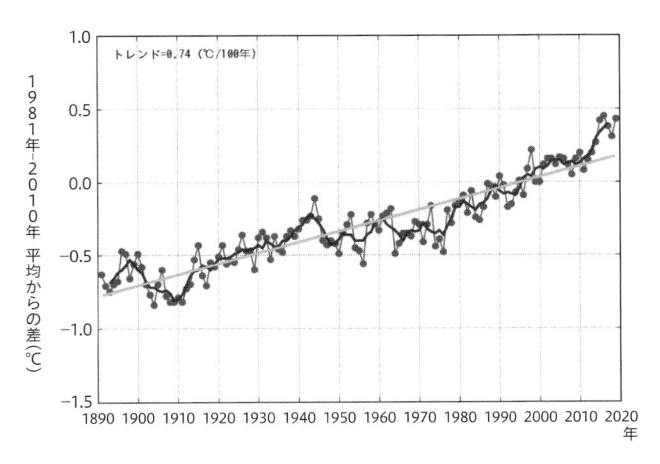


**図6-1-3：世界の年平均気温偏差** 気象庁HPより。

2019年の世界の平均気温は、基準値と比べて＋0.43℃で、1891年の統計開始以降、2番目に高い値となりました。

二酸化炭素濃度の上昇が招く地球温暖化は、陸地の雪氷の融解や海水の熱膨張による海面の上昇がサンゴ礁の島をはじめとする**低地の水没**を引き起こすだけでなく、地表面を循環するエネルギー量が増加することで**豪雨**や**干ばつ**などの異常気象も招くことが指摘されています。

##  カーボンニュートラル＝循環する二酸化炭素

一方、バイオマス燃料はどうなのでしょう？

バイオマス燃料は、地球上の生物（動植物）に由来するものでした。植物は、指定語句にもあるように、光合成によって大気中の二酸化炭素を吸収します。もちろん、光合成は水を分解して酸素を発生させますが、ここでは、温室効果ガスの二酸化炭素を中心に考えます。

もし植物をバイオマス燃料として利用したとしても、植物は大気中の二酸化炭素を取り込んでいるので、燃焼した際には取り込まれた二酸化炭素が大気中に戻っていくことになります。

問題文に「再生産されれば」という語句がある意味がわかってきました。例えば、再び植林をしたり、植物を育てることで、植物は光合成を通して、「大気中に放出されたはずの二酸化炭素」を吸収して生長します。

次の図6-1-4は、農林水産省のHPにある、バイオマス燃料についての解説図です。化石燃料の場合、地中の炭素を二酸化炭素にして一方通行で放出するのに対し、バイオマス燃料は、地表面で二酸化炭素が循環しているのがわかります。地表面で

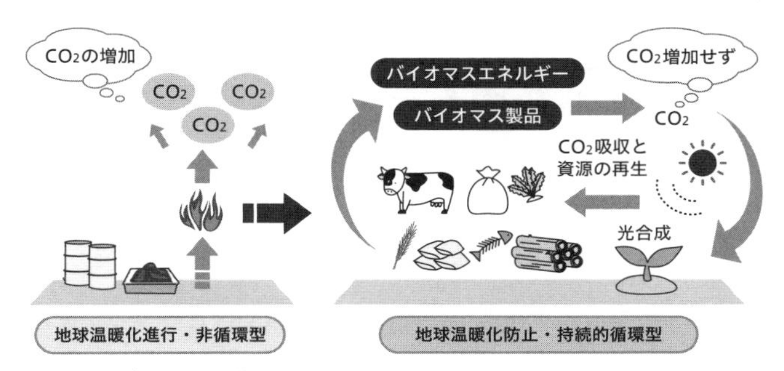


図6-1-4：バイオマス燃料　　農林水産省HPより。

の炭素の収支はプラスマイナスゼロですので、こうした状態を**「カーボンニュートラル」**といいますが、聞いたことがある方もおられるでしょう。

化石燃料と比べることで、バイオマス燃料の特性が見えてきました。バイオマスエネルギーは、地表面に降りそそぐ太陽エネルギーに由来するものですから枯渇の心配もなく、「再利用」し続けることで、地球環境への負荷が小さくすることができ、持続可能な社会をつくることができます。

解答では、植物由来のバイオエタノールは、光合成によって大気中の二酸化炭素を取り込むこと、さらには、燃焼しても大気中にその二酸化炭素が戻っていくだけなので、二酸化炭素濃度は上昇しないことをまとめます。また、指定語句の二酸化炭素が、温室効果ガスであることを忘れてはいけません。

**解答例**

**(2)光合成の際に温室効果ガスの二酸化炭素を吸収するので、燃焼時の排出分は差し引かれ、二酸化炭素濃度を上昇させないため。（57字）**

# 再生可能エネルギー ……日本の課題

では、日本の再生可能エネルギーへの転換はどれくらい進んでいるのでしょうか。東大は、こうした問いを、受験生にしっかりと提示しています。

## 2014年 第1問 設問B(1)(2)

図1－1は、日本における再生可能エネルギーによる発電能力(設備容量)の推移を示したものである。また、表1－2は、AとBの発電能力(設備容量)について、都道府県別に上位5位までを示している。

(1) 図表中のA～Dは、風力・水力・地熱・太陽光のいずれかである。A～Dをそれぞれ A－○のように答えなさい。

(2) Aの設備容量の伸びは、1995年以降停滞している。その理由をAの立地条件とともに2行以内で述べなさい。

図1－1

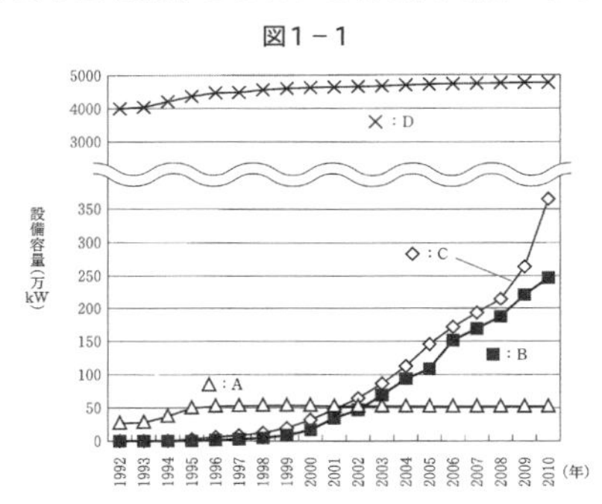


経済産業省資料による。

表1－2

単位：万 kW

| | A（2010年） | | B（2010年） |
|---|---|---|---|
| 大分県 | 15.1 | 青森県 | 29.3 |
| 岩手県 | 10.4 | 北海道 | 25.7 |
| 秋田県 | 8.8 | 鹿児島県 | 19.8 |
| 福島県 | 6.5 | 福島県 | 14.4 |
| 鹿児島県 | 6.0 | 静岡県 | 13.0 |

経済産業省資料による。

## 日本の現状

(1)では、日本の再生可能エネルギーの発電量について問われていますが、Dはすぐにわかるでしょう。Dは、最も多いので、もちろん水力です。かつての日本は「水主火従」だったが「火主水従」になった、と教えられた方もいるかもしれません。

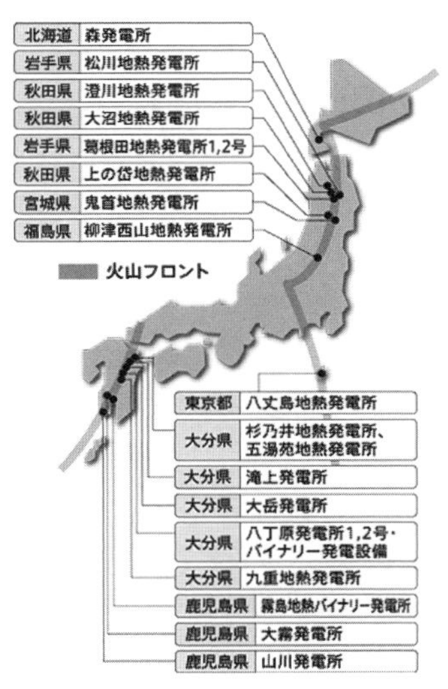


図6-2-1：日本の地熱発電

JOGMEC（独立行政法人石油天然ガス・金属鉱物資源機構）のHPより。
http://geothermal.jogmec.go.jp/information/geothermal/japan.html

残りの判定はやや難しいですが、図と表から判定していきましょう。

まずAについてですが、図6-2-1は、日本の地熱発電の分布を示したものです。
**日本の地熱発電は東北地方と九州地方に集中している**ことがわかります。ちょうど火山が列状に分布する火山フロント（火山前線）と一致しています。
日本最大の地熱発電所は、大分県の八丁原（はっちょうばる）で、近くにはくじゅう連山があります。大分県や東北地方が上位にあることからAが地熱とわかります。

BとCは、同じように近年伸びているので、やや迷うかもしれませんが、太陽光と風力で、青森県や北海道が上位、しかも2つの同県で日本の発電量の50%以上なのはどちらでしょう？
図6-2-2のような、海に面したウインドファーム（集合型風力発電所）を訪れたり、写真を見たりしたことがある方ならばすぐにわかると思います。これだけ巨大風車が並んでいたら、壮観ですね…。

日本海側は、冬の強い季節風が吹き付けてくるので、安定した発電が可能です。風力発電は、やはり風が吹いて風車が回ってくれなければいけませんから、まさに「風まかせ」です。
安定した風が得られるところが風力発電の適地ですから、日本ならば、冬の季節風が吹き付ける日本海側に多く立地する傾向があります。
図6-3-3に北海道の風力発電施設の立地を示しましたが、日本海側の沿岸部に立地が集中していることがわかります。
実は、この問題の(4)は、

図6-2-2：宗谷岬ウインドファーム

http://www.rera-vie.jp/wind_power/souya_windfarm.html

⑷　Ｂの１、２位を占める青森県、北海道は、Ｂの立地条件としてどのような優位性を備えているか。自然条件の面から１行で述べなさい。

という問題で、まさに冬の北西季節風を指摘することが解答でした。

そのほか、風力発電は風によってタービンが回るわけですか

図6-2-3：北海道の風力発電施設の立地

JOGMEC(独立行政法人石油天然ガス・金属鉱物資源機構)のHPより。

https://www.nedo.go.jp/library/fuuryoku/case/pref_01.html

ら、周辺への振動や騒音などの問題が指摘されます（東京都には江東区の若洲にしかありません）。周辺住民の生活に支障とならない風の強いところとなると、立地は限られます。

問題に戻ると、Bが風力、Cが太陽光です。

太陽光発電は、「メガソーラー」や「FIT」なんて言葉が一時期よく出てきましたが、再生可能エネルギーの代表例のようなものです。次の問題を解いたうえで、まとめることにしたいと思います。

**解答**

**(1)A—地熱　B—風力　C—太陽光　D—水力**

## 地熱発電が停滞する理由

(2)では、日本の地熱発電について、停滞している理由が問われています。

地熱発電の立地条件については、図6-2-1で見たように、火山が分布しているところ、ということでいいでしょう。

図6-2-4は世界の火山の分布状況を示したものです。日本列島は、プレートの狭まる境界（収束境界）に沿った弧状列島であり、プレートが沈み込むところには海溝やトラフが形成され、巨大地震が発生することがあります。陸地側には海溝から一定の距離をあけて火山が列状に分布する火山フロントが形成されます。地震や火山の活動が活発ないわゆる「変動帯」に位置しています。

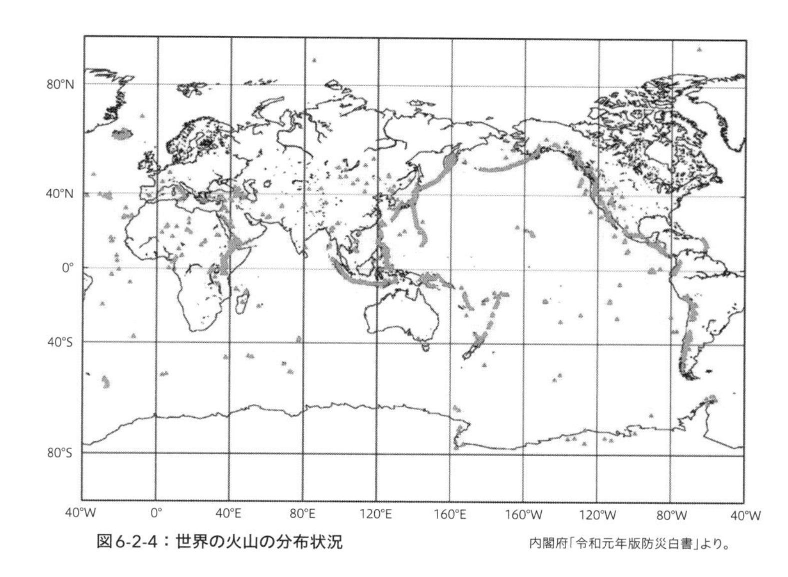


**図6-2-4：世界の火山の分布状況**　　内閣府「令和元年版防災白書」より。

日本は火山が多いという印象があるかと思いますが、気象庁によって選定された活火山は111、常時観測・監視が必要な火山が50あります[7)]。

## 日本は世界3位の地熱資源量を持つ

NEDO（国立研究開発法人 新エネルギー・産業技術総合開発機構）によると、日本の地熱資源量は、アメリカ合衆国とインドネシアに次いで、世界3位だそうです。

ところが、実際の発電量は、世界10位と順位は後退します。

アイスランドも日本も火山活動が活発ですが、日本では地熱発電があまり振るわないのは、なぜでしょうか？

地熱発電が可能な火山自体が、雄大な景観をしていることから、観光資源でもあります。火山の近くでは温泉も出て、古くからの温泉街として多くの観光客や湯治客を引きつけてきました。

また、火山は、雄大な景観から、その自然環境を保全するために国立公園や国定公園に指定されているところが多いです。ちなみに世界最初の国立公園は、アメリカ合衆国のイエローストーン国立公園で、火山活動にともない形成されたさまざまな色の湖沼や間欠泉が有名です。

地熱発電は、火山の近くの地下から蒸気と熱水を取り出して、そのうちの蒸気を使ってタービンを回して発電するしくみです。ですから、蒸気と熱水を取り出すことで、温泉の湯量が減少するかもしれないと懸念する声もあります。

取り出す深さが異なるので（地熱発電の方が1,000〜3,000mとかなり深い）、そうしたことは起こらないといわれますが、湯量が減少すると、取り返しがつきませんから、昔からの温泉街からは反対の声が聞かれます。地熱発電所が建設されれば、それまでの風光明媚な景観が失われることもあります。

また、国立・国定公園内は自然環境（風景だけでなく生物多様性も含めた）の保全が目的ですから、開発は規制されてきました。

そのほか、地熱発電は、調査に時間がかかります（地表からの調査や地下構造を把握するといった「初期調査」だけで約5年、実際に井戸を掘って「噴気調査」をおこなうのに約2年）。しかも、掘って蒸気を出してみないと事業化できるかどうかわかりません[8]。

解答では、地熱発電は火山の付近に立地すること、火山付近は、国立・国定公園などに指定され開発が規制されていること、地元では温泉の枯渇や景観の悪化などを理由に反対もあることをまとめます。

解答例

**⑵立地適地に火山や温泉が多く開発が規制されると共に、景観の悪化や温泉の枯渇で地域からの反対があり新たな建設が難しいため。(59字)**

## 再生可能エネルギーへの転換

SDGsの観点から見て、再生可能エネルギーへと転換していくことが求められていることに異論はないでしょう。

日本の場合は、発電量に占める再生可能エネルギーの割合が18%と先進国のなかでもかなり低い水準です（2030年までに22～23%に引き上げる目標）。

再生可能エネルギーのFIT（固定価格買取制度）が2019年から順次終了しています。また、石炭火力の発電所を建設するなど「周回遅れ」な感があります。

エネルギー自給率の低いなかで、再生可能エネルギーは自給率の向上にもつながります。今後の取り組みがどうなるのか、注視する必要があるでしょう。

しかし、再生可能エネルギーへの転換には課題もあります。

太陽光発電も風力発電も、晴れていなければ、風が吹かなければ発電はできません。こうした出力が“お天道様次第”、“風まかせ”の自然エネルギーを、**VRE**（Variable Renewable Energy・変動する再生可能エネルギー・自然変動型電源）といいます。

こうしたVREを夜や風が吹かないときでも使えるようにする蓄電池が広く普及していけば、また変わっていくでしょう。

# フェアトレード……なぜ高価でも伸びている？

最後に、フェアトレードについてみていこうと思います。

おそらくもう、初めて聞く言葉だ、という方はほとんどいないでしょう。これは、先進国の消費者と発展途上国の生産者との連携によって行われるものです。目的は、環境保護から労働問題まで多岐にわたります。まさにSDGsの目標が複数組み合わせられた典型例でしょう。

## Q 2012年 第2問 設問A(1)(2)(4)

表1は、各種の農作物の輸出額の上位6位までの国について、2008年の輸出額とその順位、および1998年と1988年の順位を示している。なお、この輸出額にはそれぞれの農作物の加工品は含まれていない。

(1) A～Dは、米、とうもろこし、コーヒー、茶のいずれかである。A～Dの品目名を、A－○のように答えなさい。

(2) (ア) ～ (エ)の国名を、(ア)－○のように答えなさい。

(4) 消費者の間では、AやCの農作物の中で、一定の条件を満たすものを、他に比べて割高であっても購入しようとする動きが見られるようになってきている。そのような動きが見られるようになった理由を、以下の語句を全部使用して、2

行以内で述べなさい。語句は繰り返し用いてもよいが、使用した箇所に下線を引くこと。

国際相場　　持続　　農民

表1

| 品目 | 2008年順位 | 国 | 2008年輸出額（百万ドル） | 1998年順位 | 1988年順位 |
|---|---|---|---|---|---|
| A | 1 | （ア） | 4,132 | 1 | 1 |
| | 2 | （イ） | 2,114 | 4 | 29 |
| | 3 | コロンビア | 1,905 | 2 | 2 |
| | 4 | インドネシア | 989 | 6 | 3 |
| | 5 | ドイツ | 917 | 10 | 12 |
| | 6 | ベルギー[1)] | 769 | 18 | 46 |
| | | 世界計 | 16,627 | | |
| B | 1 | （ウ） | 6,109 | 1 | 1 |
| | 2 | （イ） | 2,896 | 4 | 15 |
| | 3 | インド | 2,582 | 2 | 5 |
| | 4 | アメリカ合衆国 | 2,214 | 3 | 2 |
| | 5 | パキスタン | 1,682 | 6 | 3 |
| | 6 | イタリア | 820 | 7 | 4 |
| | | 世界計 | 19,955 | | |
| C | 1 | （エ） | 1,259 | 1 | 3 |
| | 2 | ケニア | 935 | 2 | 4 |
| | 3 | 中国[2)] | 701 | 4 | 1 |
| | 4 | インド | 590 | 3 | 2 |
| | 5 | イギリス | 325 | 5 | 5 |
| | 6 | ドイツ | 207 | 7 | 9 |
| | | 世界計 | 5,521 | | |
| D | 1 | アメリカ合衆国 | 13,885 | 1 | 1 |
| | 2 | アルゼンチン | 3,531 | 3 | 4 |
| | 3 | フランス | 2,298 | 2 | 2 |
| | 4 | （ア） | 1,405 | 28 | 46 |
| | 5 | ハンガリー | 986 | 5 | 10 |
| | 6 | インド | 781 | 62 | 68 |
| | | 世界計 | 26,933 | | |

注　1）1998年、1988年はルクセンブルクを含む。
2）台湾・ホンコンを含まない。
FAO資料による。

## データで見る世界の農作物

(1)(2)は、典型的な受験地理の問題です。

地理が得意だったという方は、こういうデータを覚えるのが大好物だったのではないでしょうか？

次の表6-3-1で、主要な農産物の生産統計をアップデートしておきましょう。

米の生産

| 生産 | 万t | % |
|---|---|---|
| 中国 | 21,268 | 27.6% |
| インド | 16,850 | 21.9% |
| インドネシア | 8,138 | 10.6% |
| バングラデシュ | 4,898 | 6.4% |
| ベトナム | 4,276 | 5.6% |
| タイ | 3,338 | 4.3% |
| 世界計 | 76,966 | 100.0% |

トウモロコシの生産

| 生産 | 万t | % |
|---|---|---|
| アメリカ合衆国 | 37,096 | 32.7% |
| 中国 | 25,907 | 22.8% |
| ブラジル | 9,772 | 8.6% |
| アルゼンチン | 4,948 | 4.4% |
| インド | 2,872 | 2.5% |
| インドネシア | 2,795 | 2.5% |
| 世界計 | 113,475 | 100.0% |

茶の生産

| 生産 | 千t | % |
|---|---|---|
| 中国 | 2,402 | 40.3% |
| インド | 1,252 | 21.0% |
| ケニア | 473 | 7.9% |
| スリランカ | 349 | 5.9% |
| トルコ | 243 | 4.1% |
| 世界計 | 5,954 | 100.0% |

コーヒー豆の生産

| 生産 | 千t | % |
|---|---|---|
| ブラジル | 3,019 | 32.7% |
| ベトナム | 1,461 | 15.8% |
| コロンビア | 745 | 8.1% |
| インドネシア | 639 | 6.9% |
| エチオピア | 469 | 5.1% |
| 世界計 | 9,222 | 100.0% |

表6-3-1：農産物の上位生産国

統計年次は米とトウモロコシが2017年、茶とコーヒー豆が2016年。
FAOSTATにより作成。

少し年次は違いますが、東大が問うのは、重箱の隅をつつくような細かいことではありません。

答えを確認してみると、どうしてこんな性質の異なる農産物の統計をごちゃ混ぜにして出題したのかと思います。とはいえ、出題された以上は答えておきましょう。

Aはインドネシアとコロンビアからコーヒー豆とわかり、Bはアメリカ合衆国とパキスタンから米とわかります。Cはケニアから茶と判断してよいでしょう。Dは、アメリカ合衆国とアルゼンチンからトウモロコシです。

国名も問題ありません。(ア) はコーヒーの上位輸出国からブラジルですし、(イ) はコーヒーと米の輸出が多いことからベトナム、(ウ) は米の輸出が多いことからタイ、(エ) は茶の輸出が多いことからスリランカです。

もし、データに不安があるようでしたら、拙著の『地理B統計・データの読み方が面白いほどわかる本』をご参照ください!

解答は、次のようになります。

**A 解答**

**(1)A－コーヒー　B－米　C－茶　D－トウモロコシ**
**(2)ア－ブラジル　イ－ベトナム　ウ－タイ　エ－スリランカ**

## 嗜好作物のモノカルチャー経済の脆さ

⑷で問われているのは、Aのコーヒーや Cの茶などの農産物について、「一定の条件を満たすものを、他に比べて割高であっても購入しようとする動き」があり、こうした動きが見られるようになった理由です。

もちろん、こうした消費者の購買行動（運動）を「フェアトレード（公平貿易）」といわれることをご存じの方は多いでしょう。こうした購買行動は近年、「エシカル（ethical）＝道徳上の、倫理的な」といわれることもあるようです。

**コーヒーや茶は、米やとうもろこしと異なり、いわゆる嗜好作物といわれるもので、気象の影響による作柄の変動だけでなく、好不況による国際価格の変動が大きく、収入が不安定になりがちです。**

先ほど確認したモノカルチャー経済の弊害がここでも当てはまります。高値で売れた時はよいのですが、問題は価格が下落した時です。こうした際に、他に比べて割高であっても買い取ってくれるフェアトレードは、生産者にとっては非常に助かります。

今からいくつか質問をします。ここまで読んできたならば、それほど難しくはないと思いますので、頭の体操だと思って答えてください。

Q1：そもそも、発展途上国でモノカルチャー経済が見られるのは、なぜでしょうか？

A1：それは、欧米列強による植民地支配の影響です。もともと食料となる自給作物を栽培してきた農地が、宗主国の都合で茶畑やコーヒー農園、カカオ農園へと変わっていきました。食べられるとしてもこれらは嗜好作物といって、「なくてもいいけれど、あったらうれしいもの」です。天然ゴムや綿花畑などは、工業原料となる工芸作物で、食べることすらできません。

植民地支配から独立した現在、「発展途上国」といわれる国々の多くは、独立しても、こうした一次産品に経済を依存せざるを得ない状況にあります。産業革命を経たヨーロッパからみたら、植民地は原料供給地だけでなく、工業製品の市場でもあり、工場が立地するのは都合が悪いことでした…。

Q2：嗜好作物を栽培する国が、それを輸出しようとすると直面する問題はなんでしょうか？

A2：それは、それらの農産物を買って消費するのが先進国の人たちだということです。

茶やカカオなどの嗜好作物を大規模に栽培するプランテーション（大農園）は、旧宗主国の都合（嗜好？）に合わせて作られたものですから、独立しても、主な消費者（輸出先）は旧宗主国を中心とする先進国になります。

一次産品は、国際市場で価格が決まりますが、買う側がなるべく安く調達したいと思うのは当然です。買い手側の先進国の方が、優位に立って買い叩くこともあるでしょう。

## フェアトレードのしくみ＝一橋大の問題から

フェアトレードのしくみについてきっちりと説明しろ、と言われるとちょっと困りますよね…。

ここでは、ちょっと寄り道して一橋大学の問題で確認してみましょう。

一橋大は、東大に比べて「高校の地理」から少し外れた出題がしばしばみられ、東大とは違った意味で毎年「魅力的な問題」を出題してきます。

大学の入試問題は、「どのような学生がほしいのか」を伝える大学からのメッセージだとよくいわれますが、東大と一橋が似たようなテーマを扱っても、（解答はほぼ同じものになりますが）切り口や問い方が異なり、求める学生像の違いも透けてみえるような気がして興味深いです。

## Q 2013年　一橋大 I 問3

図Ｉ－１は、1988年から2010年までのコーヒー豆の一般市場価格とフェアトレード市場価格の推移である。ここから下線部③のルールの特徴が読み取れる。それはどのようなルールで、それによって生産者が得る利益とは何か。説明しなさい。（100字以内）

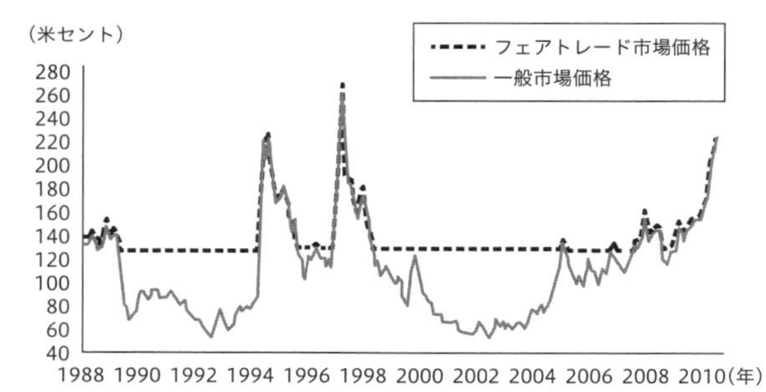


図Ｉ－１　コーヒー豆（アラビカ種）のニューヨーク市場における454グラム（1ポンド）当たりの価格の推移（単位：米セント）

（出所：International Coffee Organization）

ここで、下線部③というのは、「フェアトレードは直接的な援助を行う代わりに市場を通じた取引に一定のルールを設けることで彼らの生活を改善する仕組みである。」という一文に引かれています。

問題の図は、コーヒー豆1ポンド当たりの価格の推移について、一般市場価格とフェアトレード市場価格を比較したものです。

図を見ると、「フェアトレード市場価格」は、130セント（ここでは、生産コストと労働に見合う金額）を下限として、一般市場価格が130セントを上回った際には一般市場価格で、下回った際には130セントで取引されていることが読み取れます。

こうした最低買い取り価格を設定することで、価格の下ぶれリスクがなくなり、生産者の収入も保証されます。

問題で問われている「それによって得られる（生産者の）利益」は、価格下落時でも収入が保証されるため、生産や生活を続けていくうえで必要な資金を持続的に得ることができる、ということになります。

一橋大の問題の解答は、次のようになります。

**解答例**

**生産コストと生産者の労働に見合う最低取引価格が設定され、一般市場価格の下落時には最低取引価格での買い取りが保証される。そのため生産者は、生産活動と生活を維持するための資金を持続的に得ることができる。(99字)**

## フェアトレードと持続可能性

東大の問題に戻りましょう。解答はほぼ出ています。

国際価格よりも高い値段で買い取るフェアトレードは、生産国の農民の生活の安定と向上を図ることを目的としています。

ここで気をつけることは、「一定の条件を満たすものを」と問題文にある一定の条件です。

確認したように、嗜好作物の生産国の多くは植民地支配を受けた途上国で、旧宗主国がはじめたプランテーションに由来するものです。途上国の生産者は、買い付ける先進国の商社やアグリビジネスに対して立場が弱いだけでなく、なるべく安く生産しようとします。

そのために、生産者は、目先の収穫量を増やそうとして農薬の過剰な散布など環境に配慮しないで栽培してしまいます。その場合、生産が一時的に増えても、土壌を傷めてしまい、その後の持続性が失われるかもしれません(樹木作物は、実が収穫できるまで生育するのに時間もかかります)。

また、途上国の農園では、児童労働などの労働環境に問題を抱えながら生産していることもあります。児童労働によって安く生産することはできますが、そこで働く子供たちは教育機会を奪われ、将来生きるための知識を身につけることができません。

フェアトレードを行う消費者団体は、環境問題や労働問題に意識が高く、有機農法や減薬農法など環境への負荷が小さい栽培を行うことや、児童労働を禁止するなどを条件として、国際価格よりも高い値段で取引しています。

フェアトレードは、生産者に安定した収入をもたらすだけでなく、環境にも配慮して、農業が持続的な生活手段となることを目的としています。

こうしたフェアトレードに基づく商品は、実際には従来のものと比べて割高となりますが、**先進国を中心に消費は伸びています。**

消費者としても、フェアトレード商品は、有機農法など環境に配慮したものであるだけでなく、生産者の顔や生産履歴が情報開示されていることが多いため、安心感を持って購入することができるのでしょう。

この章を通して見てきた、SDGsやESGにつながってきます。

もちろん誰も先のことはわかりませんが、少なくとも未来のためになにができるのかを考え、どんな状況であれ、できる範囲でなんらかの行動をすることはできます。そうした一人一人の意識の持ち方が、世界を少しずつでも変えていくのでしょう。

解答では、国際相場よりも高い値段で買い取るフェアトレードによって、途上国の生産者が、経済的にも安定した生活ができ、環境に配慮した生産を促すことをまとめます。

## 東大は、なぜ「フェアトレード」と言わないのか？

すこし話が逸れますが、問題文に戻ってみましょう。歯にものが挟まったような、遠慮がちで回りくどい文章だと思いませんか？

一橋大の問題には「フェアトレード」とありましたし、教科書にも途上地域の生産者の生活を支えるために、「先進国の消費者が、途上国の農産物を適正な価格で購入するフェアトレード運動」が進められている、と明確に書かれています。すでにこれらは「一般化」したものといえます。

それなのに、東大の出題者は、なぜ「フェアトレード」という用語を出さず、回りくどい問題文にしたのでしょうか。

もしこうした貿易が「フェア」ならば、今まで世界に流通してきたコーヒーや茶の多くは、「アンフェア（不公正）」な貿易によって取引されたものである、ということを暗に示すことになりかねません。

あくまで購買行動の1つとして取り上げることで（「フェアトレード」は運動を進めた人たちがつけたものです）、入試問題としての中立を保つために、使わなかったのでしょう。

**解答例**

**国際相場より高く農産物を買い取ることで発展途上国の農民の生活の安定を図り、農業の持続可能性を高めることができるため。（58字）**

# 日本

## 過去～現在～未来にわたる「強み」と「弱み」

### 10秒でつかむ！「日本」のツボ

この国の未来は明るいのでしょうか、暗いのでしょうか？　東大地理は、さまざまな資料やデータを駆使して「この国の現在地」を教えてくれます。

# 人口減少時代……東大が問うテーマとは?

## 「流れと地域性」を把握すると、深くみえてくる!

最後は、日本についてです。

日本を見るうえで重要なのは、流れと地域性を抑えておくことです。流れとは、戦後から現在にいたるまでのターニングポイントとなるような出来事をおさえておくこと、地域性とは、三大都市圏と地方の違い、各地方(北海道、九州など)の人口や産業の特徴などをおさえておくことです。

日本で人口が多い上位12都市はどこでしょう?(表7-0-1参照)

都道府県の位置と名前は当たり前のものとして、人口上位12都市を3タイプに分けるとしたら、どうなるでしょう?

**①三大都市圏(東京・大阪・名古屋)**…大都市圏の中心(都心)にあたる

**②郊外(横浜・川崎・千葉・さいたまなど)**…大都市圏で、都心への通勤者が暮らす住宅地区が多い

**③地方中枢都市(札幌・仙台・広島・福岡)**…地方の中枢都市

これらは、その都市が位置する都道府県でもだいたい見方は同じです。

都道府県別で見ていくと、三大都市圏(上記の①と②が含まれる)と地方(③と周辺の地方が含まれる)という見方もあり

| 東京23区 | 9,486,618 |
|---|---|
| 横浜市 | 3,745,796 |
| 大阪市 | 2,714,484 |
| 名古屋市 | 2,294,362 |
| 札幌市 | 1,955,457 |
| 福岡市 | 1,540,923 |
| 神戸市 | 1,538,025 |
| 川崎市 | 1,500,460 |
| 京都市 | 1,412,570 |
| さいたま市 | 1,302,256 |
| 広島市 | 1,196,138 |
| 仙台市 | 1,062,585 |
| 全国計 | 127,443,563 |

**表7-0-1：日本の人口上位12都市**

2019年1月1日の人口。住民基本台帳により作成。

ます。

特に、地方では、高齢化が進行して人口減少が顕著ですから、さまざまな問題や課題が生じています。

## 少子高齢化と人口減少

少子高齢化にともなう人口減少が2000年代から始まり、地方では過疎化が進行しています。

人口の50％以上が65歳以上の老年人口で、冠婚葬祭などの共同体で行われてきた行事や、集落の維持自体が難しいとされる**「限界集落」**という言葉も、初めて聞く言葉ではなくなってきました。

図7-0-2は、日本の男女別年齢別人口構成、いわゆる人口ピラミッドを、30年ごとに予測も含めて作ってみたものです。

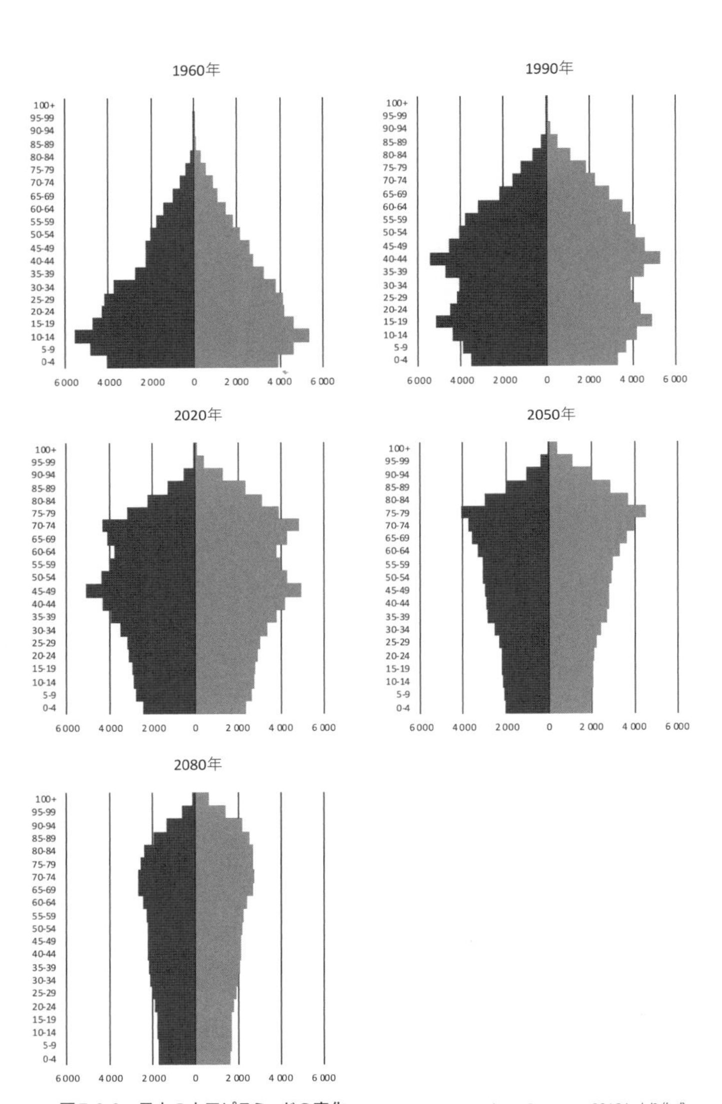


図7-0-2：日本の人口ピラミッドの変化

UNPopulationProspects 2019により作成。
それぞれ、左側(黒)が男性、右側(グレー)が女性

その年における割合ではなく、人数（絶対数）で作ってみました。

もちろん少子高齢化を読み取れますが、人数で作ることで、徐々に全体が細くなっていくことも読み取れます。

このままの人口動態が続くと、2053年には日本の人口が9,924万人となり、1億人を下回ると聞いたことがある方は多いでしょう。

少子高齢化の進行で、2050年には65歳以上の老年人口率が37.7％、15〜64歳の生産年齢人口は51.8％、0〜14歳の年少人口は10.6％という数字が予測されています。

人口減少にともなう労働力不足や経済規模の縮小は、避けられません。最近では、団塊世代が75歳以上を迎える**「2025年問題」**もいわれるようになってきました。社会保障費や医療費の増大が懸念されています。

## 東大地理には「強み」も「弱み」も仕込まれている

繰り返しになりますが、**東大地理は、日本のことをさまざまな角度から問います。そこには、「過去・現在」だけでなく、「未来」も含まれています。**

**また、この国の「強み」も「弱み」もふんだんに仕込まれています。**

さまざまな資料を用いることで、ある程度の客観性を担保しながら、この国について考えるヒントやきっかけを投げかけてきます。

結論になりますが、こうした問題が出題される背景には、さまざまな角度から日本を問うことで、この国の現状を理解しているのかを試そうとするとともに、将来この社会の中枢を担っていく（かもしれない）受験生へのメッセージが隠されているような気がします。

ここでは、そんなメッセージが含まれた部分も味わっていただきたいと思い、解説もコンパクトにまとめて、できる限りたくさんの問題を並べました。
「当事者意識」や「危機感」を少し持ち合わせて読んでいただけたら幸いです。

# 東京への一極集中と地方との格差

日本でも都市と地方との格差が拡大しているとよく言われるようになりました。

それは、具体的にどのようなことなのでしょうか？　それを確認できる良質な問題が出題されました。

## 2019年 第3問 設問A(1)(2)

**設問A**　表3－1は2010年と2015年について、それぞれの都道府県における6つの産業分類の就業者比率を都道府県別に示したものである。この表をみて、以下の問いに答えなさい。

(1)　近年知識経済化・情報社会化の進展が加速しているが、このことによって全国レベルでどのような地域的変化が生じていくと考えられるか。そのように判断した理由とあわせて２行以内で述べなさい。

(2)　医療、福祉の就業者比率が高い都道府県にはどのような特徴があると考えられるか。２つの点をあげ、あわせて２行以内で述べなさい。

表3－1

2010年

| | 宿泊業、飲食サービス業 | 製造業 | 情報通信業 | 学術研究、専門・技術サービス業 | 医療、福祉 | 建設業 |
|---|---|---|---|---|---|---|
| 北海道 | 6.2 | 8.1 | 1.6 | 2.6 | 11.6 | 8.9 |
| 福島県 | 5.5 | 20.1 | 0.9 | 2.0 | 10.2 | 9.0 |
| 東京都 | 6.1 | 9.8 | 7.0 | 5.2 | 8.0 | 5.4 |
| 滋賀県 | 5.2 | 26.5 | 1.2 | 2.7 | 9.8 | 6.2 |
| 大阪府 | 5.9 | 15.9 | 2.7 | 3.2 | 10.6 | 6.8 |
| 高知県 | 6.0 | 8.6 | 1.1 | 2.2 | 14.9 | 8.3 |
| 沖縄県 | 8.1 | 4.8 | 2.0 | 2.8 | 12.1 | 9.2 |

単位：%

2015年

| | 宿泊業、飲食サービス業 | 製造業 | 情報通信業 | 学術研究、専門・技術サービス業 | 医療、福祉 | 建設業 |
|---|---|---|---|---|---|---|
| 北海道 | 6.0 | 8.4 | 1.7 | 2.6 | 13.4 | 8.4 |
| 福島県 | 5.1 | 18.5 | 0.9 | 2.4 | 11.2 | 10.8 |
| 東京都 | 5.7 | 10.1 | 7.6 | 5.6 | 9.2 | 5.2 |
| 滋賀県 | 5.2 | 26.7 | 1.2 | 2.6 | 11.6 | 5.9 |
| 大阪府 | 5.6 | 15.7 | 2.8 | 3.2 | 12.1 | 6.5 |
| 高知県 | 5.7 | 8.4 | 1.1 | 2.4 | 16.8 | 8.1 |
| 沖縄県 | 7.8 | 4.9 | 2.2 | 2.9 | 13.9 | 8.9 |

単位：%

国勢調査による。

## 知識経済化・情報社会化

(1)で問われているのは、知識経済化・情報社会化の進展によって、全国レベルで生じている地域的な変化です。

知識経済化・情報社会化を担っている産業で、表中で該当するのは、情報通信業と学術研究、専門・技術サービス業です。

これらの分類は総務省の日本標準産業分類（平成25年10月改定）の大分類に基づき、情報通信業は、通信や放送、ソフトウェアなどの情報サービス、インターネット関連産業が該当し、学術研究、専門・技術サービス業は、その名の通り学術研究のほか、弁護士や公認会計士、コンサルタントなどの専門サービス業、広告業、設計や測量などの技術サービス業が該当します。

ややこしいですが、なんとなくどんなものか想像はできたでしょう（ちなみに、うちのネコを診察してくれる獣医さんも技術サービス業に分類されます）[1)]。

## 高次な産業の東京への一極集中

では、こうした高次の産業が発展していくのが知識経済化・情報社会化だとしたら、表のどこをみたらよいでしょう？

もちろん首都の東京です。

これは都道府県内での割合ですが、東京都の2つの産業に従事する人の割合が上昇していることが読み取れます。

1つ気をつけたいことがあります。大都市ならばどこでもいいわけではありません。表には大阪もありますが、2つの産業の割合はあまり変化していません。

情報通信業に占める東京都の割合をみると、全体では、企業数は51.3%、従業員では69.6%、売上高は78.1%、付加価値額は75.9%を占め、東京都への偏りが大きいことがわかります。

また、情報通信業は、企業数や従業員数にくらべて、売上高、付加価値額ともに割合が高い、つまりは1事業所当たりの生産性、従業員1人当たりの**生産性は、他の産業に対して高い**業種です。

情報通信業についてみましたが、学術研究、専門・技術サービス業も、専門的な知識や技能が求められ、大学や企業の研究機関が集まる大都市で、しかも首都の方が、高度な知識を持つ研究者や技術者は確保しやすいはずです。

また、これらの産業は、主に事業所向けです。企業の本社が集まっている東京に、高次な産業が立地するのも当然です。

## 地方との格差の拡大

高次な産業が首都東京に一極集中すると、ほかはどうなるでしょうか？　想像通り、地方との格差は拡大します。

格差は途上地域でも確認したように、豊かなところがより豊かになることで拡大していきます。**「地方創生」**が叫ばれ、観光業の振興などが行われているのも、その格差を是正するためです。

解答では、東京に研究機関などが集積し、高度な技術・知識を有する労働者が多いこと、「情報通信業」・「学術研究、専門・技術サービス業」が一極集中することで、地方との格差が拡大することをまとめます。

**解答例**

**(1)研究機関などが集まる東京へ情報通信や研究開発などの専門的分野の一極集中がさらに進み、地方との格差が拡大する。(55字)**

## 地方が抱える課題：人口流出と高齢化

⑵にいきましょう。問われているのは、医療・福祉の就業者割合の高い都道府県の特徴を2つ挙げることです。

ここでは、⑴で問われたことの裏側の話、つまり地方について問われています。

問題の表のどこについて書けばいいのでしょう？

表でもっとも医療・福祉の割合が高いのは高知県ですから、高知県について書きましょう。

解答は、ほぼ見えたはずです。

医療・福祉の割合が高いのは、高知県のような、工業化があまり進んでいない地方の県で、人口が流出し、高齢化が進行しているところです。

## 人気私大の定員絞り込み

すこし話が外れるように思えますが、実際にはつながっていることを付け足しておきましょう。

最近、東京の私立大学が合格者数を絞って、以前よりも合格しにくくなった、という話を聞きます。

こうしたことも、東京への一極集中と地方の活力低下が前提となっています。

少子化を背景に、地方の大学を中心に定員割れの大学が増加しました。具体的には、私大の約4割がそれにあたります。

文部科学省が、私大の入学定員充足率（入学定員に対する入学者数の割合）を1.2倍、後に1.1倍以内に抑えないと、助成金はカットすると大学に通達をしたことで、私大は合格者の絞り込みをしました。

これは、地方の若者が東京へ流出してしまうので、それを抑制して地方に留まってもらおうという意図があったからです[2)]。

解答では特徴を2つですから、若者に雇用機会を提供できる産業も少ないので若年層の流出を招いていること、その結果、高齢化が進行し、医療・福祉の需要が高くなることをまとめます。

**解答例**

**⑵工業化が遅れる地方の県で他の産業の雇用が少なく、人口の流出で高齢化が進み、医療や介護などに従事する割合が高まっている。（60字）**

# 東日本大震災と産業構造の変化

2011年3月11日、東北地方太平洋沖地震、いわゆる**東日本大震災**が起こりました。

あれから8年後に、東大は震災を取り上げます。引き続き同じ問題の続きをみていきましょう。

**2019年 第3問 設問A(3)**

東日本大震災(2011年)前後で被災地の産業構造はどのように変化したか。表から読みとれることを、変化の理由とあわせて2行以内で述べなさい。

## ついに震災が出題される

問われているのは、東日本大震災の被災地、つまり福島県の産業構造の変化とその理由です。

2011年3月11日、日本国内観測史上最大規模、アメリカ地質調査所（USGS）によれば1900年以降、世界でも4番目の規模の地震（マグニチュード9.0）が、東北地方から関東地方を中心に東日本を襲いました。

最大震度は宮城県北部で7を記録し、津波が太平洋岸に押し寄せ、福島では第一原子力発電所が電源を喪失して重大事故を招きました。首都圏でも、液状化現象による家屋の倒壊を招き、大量の帰宅困難者が発生しました。

この震災で、15,000人を超える方が亡くなりました。8年経った今も、行方不明の方がいらっしゃいます。メルトダウンした福島第一原子力発電所の処理は、始まったばかりです。

まだ復興途上ですが、2019年にそれまで触れてこなかった東日本大震災について出題されたのは、ある程度、変化が確認できたり、評価が定まってきたりしたからでしょう[3)]。

ちなみに、一橋大学は震災翌年の2012年に東日本大震災について出題しています。こうした違いも興味深いです。

## サプライチェーンの寸断と復興

問題では、表から読み取れることですから、232ページの問題の表をみていきましょう。

すぐに気がつくのは、震災からの復興による建設需要の増大です。実際に建設業の割合は高まっています。

もう一つ目につくのは、製造業の割合が低下したことでしょう。福島県の製造業の割合が高いことにも気づくはずです。

震災直後、**「サプライチェーンの寸断」**という言葉をニュースなどで聞いたことを思い出します。

福島県は、自動車関連産業やシリコンウエハーを生産する工場が立地し、東北地方では工業出荷額が最も多い県です。

これら福島県を含む東北地方には、自動車部品を生産するメーカーが立地していたので、工場が被災するだけでなく、交通網も遮断されることで、部品の供給が滞ることで他地域にも大きな影響を及ぼしました。

福島県の工業に関する推移をみると、東日本大震災以降、出荷額は回復傾向にありますが、従業員数や事業所数は横ばいです[4)]。

解答では、製造業の割合の低下と、建設業の割合の上昇を理由とともにまとめます。

**解答例**

**⑶工場の被災や交通路の遮断により製造業の割合が低下し、震災復興のための建設需要により建設業の割合が上昇した。(54字)**

# 電気機械と輸送機械

日本の「ものづくり」について、みていきましょう。日本はしばしば技術力が高いといわれますが、どう捉えておけばよいでしょうか？

日本の地理が好きな人ならば、必見の問題です。

## 2017年 第3問 設問B(1)(2)

次の表3－2は、日本工業の主要業種を取り上げ、各業種の1963年、1988年、2013年の出荷額等(製造品出荷額等)について、日本全体の数値と上位5位までの都道府県名、上位5都道府県の対全国比を示したものである。また、表3-3(246ページ)は、地方の5つの県を取り上げ、2003年～2008年、2008年～2013年の出荷額等の変化と、2008年および2013年の上位2業種を示したものである。これらの表をみて、以下の問いに答えなさい。

(1) 表3－2のA、B、C、Dは、北海道、千葉、東京、大阪のいずれかである。それぞれの都道府県名を、A－○のように答えなさい。

(2) 表3－2の上位5都道府県の対全国比について、1963年～1988年の変化をみると、輸送用機械ではほとんど変化していないのに対し、電気機械では大幅に低下してきている。こうした変化の理由として考えられることを、2行以内で述べなさい。

表3－2

| 業種名 | 年 | 全国の出荷額等（百億円） | 上位５都道府県名 | | | | | 上位５都道府県の対全国比（%） |
|---|---|---|---|---|---|---|---|---|
| | | | 第１位 | 第２位 | 第３位 | 第４位 | 第５位 | |
| 食料品 | 1963年 | 292 | A | 神奈川 | 兵庫 | B | 愛知 | 45 |
| | 1988年 | 2,125 | C | 愛知 | 兵庫 | 神奈川 | B | 32 |
| | 2013年 | 2,495 | C | 愛知 | 埼玉 | 兵庫 | 神奈川 | 31 |
| 化学および石油製品・石炭製品 | 1963年 | 276 | 神奈川 | A | B | 山口 | 兵庫 | 49 |
| | 1988年 | 2,709 | 神奈川 | D | B | 山口 | 岡山 | 44 |
| | 2013年 | 4,508 | D | 神奈川 | B | 山口 | 岡山 | 48 |
| 鉄鋼業 | 1963年 | 213 | 兵庫 | B | 神奈川 | 福岡 | A | 62 |
| | 1988年 | 1,562 | 愛知 | B | D | 兵庫 | 広島 | 50 |
| | 2013年 | 1,791 | 愛知 | 兵庫 | D | 広島 | B | 49 |
| 電気機械 | 1963年 | 198 | A | 神奈川 | B | 兵庫 | 茨城 | 72 |
| | 1988年 | 4,678 | 神奈川 | A | B | 埼玉 | 愛知 | 40 |
| | 2013年 | 3,683 | 愛知 | 三重 | 静岡 | 兵庫 | 長野 | 33 |
| 輸送用機械 | 1963年 | 203 | 神奈川 | 愛知 | A | 広島 | B | 66 |
| | 1988年 | 3,737 | 愛知 | 神奈川 | 静岡 | 埼玉 | 広島 | 64 |
| | 2013年 | 5,820 | 愛知 | 静岡 | 神奈川 | 群馬 | 三重 | 63 |

1963年の食料品には、飲料などを含む。2013年の電気機械は、電子部品・デバイス・電子回路、電気機械、情報通信機械の合計値を用いた。
工業統計表（従業員４人以上）による。

## 産業の都道府県順位

(1)は、表の穴埋め問題です。制限時間2分で解いてみてください。

すぐわかるのは、食料品のところにしかないCの北海道でしょう。現在、北海道は、食料品工業の出荷額全国1位です。

次いでわかるのは、Dの千葉でしょうか。Dは化学工業と鉄鋼業で上位にきており、千葉県に位置する京葉工業地域は、臨海型の工業がさかんなところです。千葉県は化学工業の出荷額全国1位です。

AとBは、1963年時点での順位とその後の変化で見分けます。Aは、電気機械を除いた業種ですべてBよりも上位となっています。当時、日本最大の工業地帯は、東京から横浜にかけての京浜工業地帯でしたから、Aは東京、Bが大阪となります。Aの東京は、その後、産業構造がハイテクなどの高次なものへとシフトしていくことで、工業での地位は低下していきます。

少し日本の工業について復習をしておきましょう。日本の製造品出荷額等の上位都道府県をいえるでしょうか？

次の表7-3-1は、製造品出荷額等の上位都道府県と上位の業種について示したものです。上位のほとんどが「太平洋ベルト」に位置していることがわかります。豊田市などを抱える愛知県がダントツ1位ですが、2位以降は混戦です。

| 都道府県名 | 金額（億円） | 構成比(%) | 1位 | | 2位 | | 3位 | |
|---|---|---|---|---|---|---|---|---|
| | | | 産業 | 構成比 | 産業 | 構成比 | 産業 | 構成比 |
| 愛知 | 361,269 | 12.8% | 輸送 | 49.0% | 鉄鋼 | 6.2% | 電気 | 5.9% |
| 神奈川 | 166,154 | 5.9% | 輸送 | 24.1% | 石油 | 13.0% | 化学 | 11.9% |
| 静岡 | 154,310 | 5.5% | 輸送 | 26.5% | 電気 | 12.0% | 化学 | 10.7% |
| 大阪 | 151,638 | 5.4% | 化学 | 11.5% | 石油 | 9.1% | 生産 | 8.5% |
| 兵庫 | 138,807 | 4.9% | 化学 | 13.3% | 鉄鋼 | 12.1% | 食料 | 11.2% |
| 埼玉 | 122,228 | 4.3% | 輸送 | 19.5% | 食料 | 14.5% | 化学 | 12.7% |
| 茨城 | 114,945 | 4.1% | 化学 | 13.4% | 食料 | 12.1% | 生産 | 10.4% |
| 千葉 | 111,959 | 4.0% | 石油 | 21.3% | 化学 | 20.5% | 鉄鋼 | 14.2% |
| 三重 | 99,102 | 3.5% | 輸送 | 22.2% | 電子 | 19.7% | 化学 | 11.4% |
| 福岡 | 91,141 | 3.2% | 輸送 | 36.6% | 食料 | 9.8% | 鉄鋼 | 9.5% |

**表7-3-1：都道府県別工業出荷額等と上位業種**

統計年次は2017年。『工業統計表』により作成。

## 集積指向型・労働指向型

⑵で問われているのは、上位5都道府県の割合が、輸送用機械ではあまり低下していないのに電気機械では低下している理由です。

輸送機械の代表選手といえば、自動車です。

自動車は、総合組立工業ともいわれ、多くの部品からなることは想像できますが、だいたいどれくらいの部品からできているでしょうか？

自動車は、小さなネジなども含めると**約3万点**の部品で構成されています。そうなると、部品を供給する工場は、同じ場所に集まっていた方（集積）が、輸送費も節約でき、情報交換もしやすいので、有利です。こうした、集まっていることによって、強みを発揮する工業を**集積指向型**といいます。

図7-3-2は、自動車生産の**垂直的分業**について示した模式図ですが、最終組立を行うメーカーを頂点としたピラミッドによって生産が行われます。

自動車は、技術水準も高く、ベルトコンベアによる流れ作業によって作られていきますから、莫大な研究開発費や建設費が必要です。いったん、ある場所で自動車工業が興れば、そこに部品を供給する工場も集まるので、なかなかすぐにほかの場所へと移っていくことはできません。

一方、電気機械はどうでしょうか？

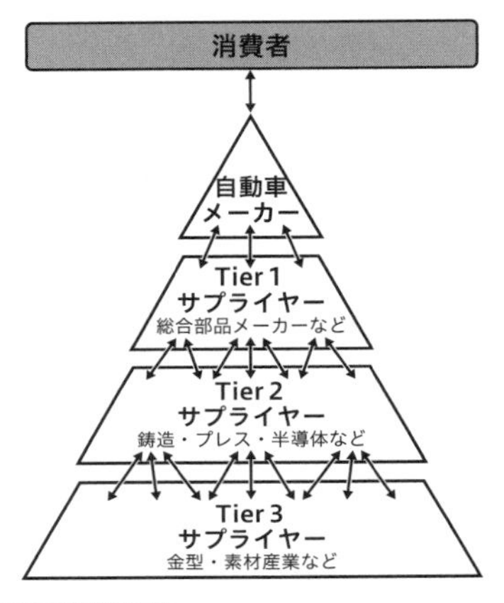


**図7-3-2：自動車生産の垂直的分業**

https://aty800.com/highest-goal/it-impact/post-438.html

テレビ、冷蔵庫、洗濯機などを製造する電気機械も組立型工業ですが、部品の数は自動車ほどではありません。製品の大きさも自動車よりも小さいので、ベルトコンベアを使った流れ作業にしても、自動車ほど大がかりな設備は必要ではありません。

工業は、常に競争にさらされているので、より有利な条件を求めて立地を変化させます。

1985年の円高以降、日本のメーカーが安価な労働力を求めて東アジア・東南アジアへと工場を移転させたのも、**円高による国際競争力の低下**を受けてのことでした。

電気機械は、部品を組み立てる工程が主ですから、工業用地が安価で、労働力も安く確保できるところに立地する**労働集約型工業**です。

1963年時点では、電気機械は三大都市圏と中心とする工業地帯で生産が行われ、上位5都道府県の割合が7割を超えていました。

より安価な土地や労働力を求めて地方へと分散していった結果、上位5都道府県の割合は低下していったのです。

解答では、輸送用機械（自動車工業）は集積指向型であまり動くことはなく、電気機械（テレビ、冷蔵庫、洗濯機など）は労働集約型で、安価な土地や労働力を求めて地方へと分散したことをまとめます。

**解答例**

**⑵輸送用機械は多くの関連工場の集積が必要だが、労働集約的な電気機械の工場は安価な労働力や土地を求めて地方に移転したため。（60字）**

# デジタル家電の盛衰と日本の強み

続いて、今度は自動車工業と、デジタル家電について比べてみたいと思います。

アメリカ合衆国に関してはリーマンショックが出題されましたが、今度は日本への影響、という視点での出題です。

## Q 2017年 第3問 設問B(3)

表3－3では、2003年～2008年にかけては、いずれの県でも、出荷額の増加がみられたのに対し、2008年～2013年にかけては、大幅な減少がみられた県がある一方で、わずかな減少にとどまった県もある。こうした違いが生じた理由として考えられることを、以下の用語ごすべて使用して、3行以内で述べなさい。語句は繰り返し用いてもよいが、使用した箇所に下線を引くこと。

アジア　　デジタル家電　　輸出

表3－3

| 県 | 出荷額等の増減率（%） | | 出荷額等の上位業種 | | |
|---|---|---|---|---|---|
| | 2003年～2008年 | 2008年～2013年 | 年 | 1位 | 2位 |
| 秋田 | 19.6 | －28.9 | 2008年 | 電子部品等 | 化学 |
| | | | 2013年 | 電子部品等 | 食料品 |
| 山形 | 11.8 | －23.1 | 2008年 | 情報通信機械 | 電子部品等 |
| | | | 2013年 | 電子部品等 | 情報通信機械 |
| 長野 | 16.6 | －22.8 | 2008年 | 情報通信機械 | 電子部品等 |
| | | | 2013年 | 電子部品等 | 情報通信機械 |
| 福岡 | 18.4 | －4.7 | 2008年 | 輸送用機械 | 鉄鋼 |
| | | | 2013年 | 輸送用機械 | 食料品 |
| 大分 | 45.6 | －0.6 | 2008年 | 鉄鋼 | 化学 |
| | | | 2013年 | 化学 | 輸送用機械 |

電子部品等は、電子部品・デバイス・電子回路を指す。
工業統計表（従業員4人以上）による。

## デジタル家電……アジアの台頭で受けた影響

問われているのは、2008年のリーマンショック以降、出荷額が大幅な減少となった県と、わずかな減少にとどまった県が生じた理由です。

表を見ると秋田、山形、長野の3県は減少幅が大きく、福岡、大分はそれが小さいことが読み取れます。

さらに上位業種に注目すると、大幅に減少している3県には電子部品等が入っているのが、減少幅の小さい2県には輸送用機械が入っているのがわかります。

電子部品等というのは、注にあるように（必要がなければ注を付けませんから、重要なヒントです）、電子部品・デバイス・電子回路のことですから、半導体集積回路、液晶パネル、プラズマパネル、コンデンサ、半導体メモリ（SDカードやメモリースティックなど）、磁気ディスク（DVDやCDなど）、電子回路などが該当します。

デジタル家電は、これらの部品が内蔵された家電で、厳密な定義はないようですが、薄型テレビやディスクレコーダー、デジカメ、パソコン、スマホなどをイメージしますが、IoT（Internet of Things：モノのインターネット）といわれるものが一般化しつつある現在では、ありとあらゆるものが該当してきます。

イメージとしては、かつて日本が競争力を持っていて得意だったものだと思えばよいでしょう。

そしてもう一つ、Part3で確認したように、半導体をはじめとするハイテク製品の生産はアジアNIESの伸びが著しかったですね…。

デジタル家電の部品を作っていた県は、安価な労働力を抱えるアジアの台頭によって、アジアへと工場が移転したり、競争力を失います。日本の半導体の生産能力は、2019年末時点で、台湾、韓国に次いで3位です[5)]。

## カーアイランド九州

その一方で、自動車は依然、輸出競争力の高い製品であり続けます。特に、**HEV**（Hybrid Electric Vehicle）といったエコカーや高級車などは競争力が強く、リーマンショックの影響は限定的だったといえます。

ちなみに、九州は、空港周辺に集積回路の量産工場が立地しシリコンアイランドといわれてきましたが、現在では、自動車工業が立地し、**カーアイランド**ともいわれています。

日産やトヨタ、ダイハツなどの自動車工場が立地し、出荷額も増加しています。

解答では、デジタル家電の部品工場が多かった3県では、アジアへの工場移転やアジアNIESの台頭で減少幅が大きく、自動車工業が立地している2県では、輸出競争力も高く減少率が小さいことをまとめます。

### 解答例

**(3)デジタル家電の部品工場が多かった県は安価な労働力の多いアジアへの工場移転と新興国企業の台頭で減少したが、輸送用機械が多い県は輸出競争力の強いエコカーや高級車が中心で減少率が低い。（90字）**

# おわりに

「東大地理」を通して眺めた「日本と世界の今」、いかがだったでしょうか。
出題された問題が、世界情勢や経済につながっていることに気づいていただけたら幸いです。

2016年、イギリスが国民投票によってBREXITを決め、世界を驚かせました。あれから4年、いろいろな紆余曲折があって（なにがどうなっているのか、把握するのも大変でした…）、ついにイギリスは2020年1月にほんとうに離脱しました。

前著『東大のクールな地理』が店頭に並んでいる頃、ちょうどアメリカの大統領選挙が行われていました。大方の予想を裏切って（？）、トランプ氏が当選しました。
トランプ氏は、アメリカ第一主義を掲げ、世界に波紋を拡げます。2019年後半は「米中貿易摩擦」がニュースでさかんに取り上げられました。

突如、ジャンヌ・ダルクのようにスウェーデンの高校生、グレタ・トゥンベリさんが現れ、気候変動対策を訴えると、世界中の高校生が賛同し、大きな運動に発展しました。気候変動対策に消極的なトランプ大統領も反応し、アメリカ大統領とやり合う姿は印象的でした。

東大地理は、こうしたタイムリーなテーマを外すことは、まずありません。ただし、クイズのように「知っているか・知らないか」で決まる短答形式で出題されることはなく、ほとんどが論述問題です。

近年、大学は自校の特色や教育理念などに基づいて、どのような学生を求めるかをまとめた「アドミッションポリシー」(入学者受け入れ方針)を公表しています。

東大もHPで公開しています。

「知識を詰め込むことよりも、持っている知識を関連づけて解を導く能力の高さを重視します」

と、はっきり宣言しています。

ちなみに、東大が要求する「持っている知識」は、高校の教科書レベルです(これも明記されています)。

はじめてみる資料を読み解き、手持ちの知識と照らし合わせながら、問われていることに合わせて解答を作ります。いわゆる「マニュアル」は通用しません。

「どうすれば解に近づけるのか」を考える際、求められる思考プロセスは問題ごとに異なりますが、論理的に考える姿勢を持つことで対応するしかありません。

「自分が持っている知識を論理的に活用する能力」は、今後ますます変化が激しくなる世界を相手に活躍するビジネスパーソンに求められるものでしょう。

実社会では「絶対的な解」をみつけることは難しいかもしれ

ません。しかし入試問題は、出題者が想定する解答が用意されたうえで作られていますから、「考える練習」には最適といえるでしょう。
「東大地理」の問題を通して、今の世界情勢や経済の動きを確認するとともに、思考プロセスも楽しんでいただけたらと思います。「東大地理」は、こうした「知の演習」の宝庫なのです。

「はじめに」でも書きましたが、「東大地理」は、今の世界について、新しい姿を見せてくれます。これは同時に、毎年同じ年齢層の受験生を相手にするわけですから、必要とされる「東大生」をはかる「ものさし」でもあり、学力の変化を測る「ものさし」ともいえるでしょう。そこには、これからを生きる若者への「メッセージ」も隠されている気がします。
定点観測している私にとっては、毎年とてもよく練られていて感心させられます。私がこの仕事を飽きることなく続けていられるのも「東大地理」のおかげでしょう。

本書をきっかけとして、「東大地理」のファンになっていただけたら、これほどの喜びはありません。

最後に、書いているときにキーボードとマウスの上に乗って休憩時間を教えてくれる我が家の猫たち（前著の頃から１匹増えました）と、青春出版社の村松基宏さんと関係者の方々、そして最後までお読みくださった読者の皆様に、感謝の意を表したいと思います。ほんとうにありがとうございました。

**伊藤彰芳**

## 《出典・参考文献・URL》


### Part1

1) http://www.jpmac.or.jp/img/research/pdf/B201760.pdf
2) https://indiamatome.com/business/indianceo

### Part2

1) https://www5.cao.go.jp/j-j/sekai_chouryuu/sa18-02/s2_18_1_1.html#s2_18_1_1_1z
2) https://www.nli-research.co.jp/report/detail/id=62786&pno=2?site=nli
3) https://www.jiji.com/jc/graphics?p=ve_int_america20180910j-05-w460
4) http://eng.sectsco.org/about_sco/
5) http://jp.xinhuanet.com/2017-06/12/c_136359207.htm
6) https://www.jetro.go.jp/biznews/2019/11/fdf70d9e02595381.html
7) https://afri-quest.com/archives/16698/2
8) https://globe.asahi.com/article/12663613

### Part3

1) https://aci.aero/news/2019/03/13/preliminary-world-airport-traffic-rankings-released/
2) https://www.u-tokyo.ac.jp/content/400127684.pdf
3) https://www6.nhk.or.jp/drama/pastprog/detail.html?i=4062
4) https://www.iora.int/en/about/about-iora
5) https://wearesocial.com/global-digital-report-2019
6) https://www.jri.co.jp/MediaLibrary/file/report/rim/pdf/11268.pdf
7) http://www.globalreligiousfutures.org/countries/japan#/?affiliations_religion_id=0&affiliations_year=2020®ion_name=All%20Countries&restrictions_year=2016
8) https://www.bunka.go.jp/tokei_hakusho_shuppan/shuppanbutsu/shumujiho/pdf/119jiho.pdf

### Part4

1) https://upload.wikimedia.org/wikipedia/commons/d/d5/United_Kingdom_EU_referendum_2016_area_results.svg
2) http://www.jsri.or.jp/publish/research/pdf/106/106_03.pdf
3) https://www.bbc.com/japanese/features-and-analysis-40553166
4) https://aci.aero/news/2019/03/13/preliminary-world-airport-traffic-rankings-released/
5) https://www.nikkei.com/article/DGKKZO18655440Z00C17A7NN1000/
6) https://wired.jp/2019/10/20/airbus-a380-retirement/

### Part5

1) https://newsphere.jp/economy/20190704-3/2/
2) https://www.bbc.com/japanese/features-and-analysis-37933012

### Part6

1) https://unstats.un.org/sdgs/indicators/indicators-list/
2) https://www.mofa.go.jp/mofaj/gaiko/oda/sdgs/about/index.html#reference
3) http://reports.weforum.org/global-gender-gap-report-2020/the-global-gender-gap-index-2020-rankings/
4)『ＳＤＧｓ入門』(村上芽・渡辺珠子著:日経文庫・2019年)p.50,51
5) https://www.nikkei.com/article/DGXLASFL31H7K_R30C19A5000000/
6) https://www.nikkei.com/article/DGXMZO54397850V10C20A1EE9000/
7) https://www.maff.go.jp/j/zyukyu/jki/j_zyukyu_kakaku/attach/pdf/index-152.pdf
8) https://www.enecho.meti.go.jp/about/special/johoteikyo/interview13ogura02.html

### Part7

1) https://www.soumu.go.jp/toukei_toukatsu/index/seido/sangyo/02toukatsu01_03000023.html
2) https://www.sangiin.go.jp/japanese/annai/chousa/rippou_chousa/backnumber/2017pdf/20171201099.pdf
3) http://www.bousai.go.jp/kohou/kouhoubousai/h23/63/special_01.html
4) https://www.pref.fukushima.lg.jp/sec/11045b/29kougyou.html
5) https://news.mynavi.jp/article/20191225-945780/
6) https://www.tel.co.jp/museum/exhibition/process/process8.html

青春新書 PLAYBOOKS
人生を自由自在に活動(プレイ)する

# 人生の活動源として

いま要求される新しい気運は、最も現実的な生々しい時代に吐息する大衆の活力と活動源である。

文明はすべてを合理化し、自主的精神はますます衰退に瀕し、自由は奪われようとしている今日、プレイブックスに課せられた役割と必要は広く新鮮な願いとなろう。

いわゆる知識人にもとめる書物は数多く窺うまでもない。

本刊行は、在来の観念類型を打破し、謂わば現代生活の機能に即する潤滑油として、逞しい生命を吹込もうとするものである。

われわれの現状は、埃りと騒音に紛れ、雑踏に苛まれ、あくせく追われる仕事に、日々の不安は健全な精神生活を妨げる圧迫感となり、まさに現実はストレス症状を呈している。

プレイブックスは、それらすべてのうっ積を吹きとばし、自由闊達な活動力を培養し、勇気と自信を生みだす最も楽しいシリーズたらんことを、われわれは鋭意貫かんとするものである。

―創始者のことば― 小澤和一